新法則化シリーズ

「社会」授業の新法則

3・4年生編

企画・総監修
向山洋一

編集・執筆
TOSS「社会」授業の新法則 編集・執筆委員会

学芸みらい社
GAKUGEI MIRAISHA

巻頭言

「新法則化シリーズ」刊行にあたって

日本教育技術学会会長　TOSS代表
向山洋一

　1984年「教育技術の法則化運動」が立ち上がり、日本の教育界に「衝撃」を与えた。「法則化」の本は次々と出され、ベストセラーになっていった。向山著はいずれも万を超える売り上げを記録した。教育雑誌も6誌が創刊された。そして20年の時が流れ、法則化からTOSSになった。
　誕生の時に掲げた4つの理念はTOSSになった今でも変わらない。
1　教育技術はさまざまである。出来るだけ多くの方法を取り上げる。
　　（多様性の原則）
2　完成された教育技術は存在しない。常に検討・修正の対象とされる。
　　（連続性の原則）
3　主張は教材・発問・指示・留意点・結果を明示した記録を根拠とする。
　　（実証性の原則）
4　多くの技術から、自分の学級に適した方法を選択するのは教師自身である。（主体性の原則）
　そして十余年。TOSSは「スキルシェア」のSSに加え、「システムシェア」のSSの教育へ方向を定めた。これまでの30年の歩みは、はっきりと足跡を残し、書籍、雑誌は、数えきれない。常に教師の技量向上を目指し、またその時々の教育界のテーマをとらえ課題提起してきた。理念通りに歩んできたから多くの知の財産が残ったのである。
　今年度、TOSSは新しく大きな一歩をふみ出した。新しい地を切り開いた。
　第一は、新法則化シリーズ（全教科）の発刊である。
　第二は、毎月1000円程度の会費で利用できる「TOSSメディア」の発進である。
　これまでの蓄積された情報をTOSSの精鋭たちによって、2015年発刊されたのが「新法則化シリーズ」である。
　教科ごと、学年ごとに編集されている。日々の授業に役立ち、今の時代に求められる教師の仕事の仕方や情報が満載である。ビジュアルにこだわり、読みやすい。一人でも多くの教師の手元に届き、目の前の子ども達が生き生きと学習する授業づくりを期待している。TOSSメディアと共に教育界を大きく前進させるだろう。
　教育は不易流行である。30年の歩みに留まることなく、新しい時代への挑戦である。教師が学び続けることが、日本の教育を支え、前進させることである。
　授業は流転することを求める。授業の変化の中に存在する。教師の教授活動と児童の学習活動の往復運動こそが授業である。
　教師は、教師の教授活動と児童の学習活動の向上を永久（とこしえ）に求め続ける。

まえがき

　戦後、社会科という教科が生まれた。
　以来、社会科は論争の連続であった。
　体験重視か科学重視か。
　初志の会、教科研、歴教協……。
　多くの民間教育団体が、主張し、実践し、そして現在に至る。

　そんな中、最も授業の事実を大切にしたのが、教育技術の法則化運動であり、そこから生まれた向山型社会研究会であると考えている。

> 1　事実主義
> 2　日本主義
> 3　人間主義
> 4　未来主義
> 5　これらを授業を通して語る

　これが向山型社会の理念であり、そこから多くの実践や技術（スキル）が生まれた。これらは今までに「法則化シリーズ」として出版されてきた。

　そして今回、新しい時代によりマッチした「新法則化シリーズ社会科編」として本書は生まれ変わった。

コンセプトは次の5つである。

> 1　ビジュアルである
> 2　キーワードが浮き出る
> 3　追試しやすい
> 4　現場の先生の即戦力となる
> 5　社会科授業のスキルとシステムが一目でわかる

　多くの写真やイラストを使用し、ビジュアルなわかりやすい構成、各単元・各学習内容のキーワードがわかり、全発問指示でそのまま追試でき、明日の授業にすぐ役立つ……、そんな特徴を持つのが本書である。

　前半は全て「社会科学習に役立つスキルと授業システム」としてどの単元でも使用できるスキルと学習システムを10程度集めている。

　例えば「1枚の写真の読み取り」「グラフの読み方」等、これまでの社会科には無かった授業システムがそのまま追試できるよう掲載されている。

　明日の授業をどうしよう……。社会科って暗記ばっかりになってしまう……。そんな先生方にこそ本書が少しでもお役に立つことを願っている。

2014年11月25日　新法則化シリーズ　社会科担当

谷 和樹　川原雅樹

目次

巻頭言　「新法則化シリーズ」刊行にあたって　　　　　　向山洋一

まえがき　　　　　　　　　　　　　　　　　　　谷 和樹　川原雅樹

第1章　知的に楽しい中学年社会科授業のコツ

1　3・4年生で身につけさせたい社会科の技能一覧
中学年社会科学習スキル10　　　　　　　　　　　　　　10

2　1時間の授業をパーツで構成する
子供が熱中する1時間の授業システム　　　　　　　　　　12

3　1時間の単元構成の基本形
KJ法でできる単元構成システム　　　　　　　　　　　　14

4　授業の導入は1分間フラッシュカード
3・4年で使えるフラッシュカード　　　　　　　　　　　16

5　資料読み取りのスキル
(1)教科書50％以上の写真資料の授業　　　　　　　　　　18
(2)グラフの基本読み取りスキルから知的授業へのシステム　20

6　教室熱中地図指導スキル
授業のはじめは、地名探し！　　　　　　　　　　　　　　22

7　単元のまとめはノート見開き2ページに限定するとビジュアルに
評定と例示の繰り返しで！　　　　　　　　　　　　　　　24

8　見学でのノートメモのコツ
見学では目についたものを全て書く　　　　　　　　　　　26

9 討論授業のコツ
　　討論が必ず盛り上がるテーマ　　　　　　　　　　28

☆中学年社会科単元全体構造図　　　　　　　　　　30

第2章　単元別具体的な授業のコツと指示発問

1 わたし達の学校のまわり
　　⑴わたしの席はどこ？　友達の席は？　　　　　32
　　⑵校区探検授業のシステム　　　　　　　　　　34
　　⑶フラッシュカードと地図記号の意味　　　　　36
　　⑷屋上や高い所から校区を見渡す　　　　　　　38
　　⑸方位毎の特徴を校区地図にまとめよう　　　　40

2 わたし達の市の様子
　　⑴市を鳥瞰する授業スキルとシステム　　　　　42
　　⑵特色ある地形や土地利用の様子　　　　　　　44
　　⑶交通の様子や建造物を調べよう　　　　　　　46
　　⑷図書館や公民館など、市の施設を調べよう　　48

3 お店ではたらく人
　　⑴スーパーマーケットの工夫を調べよう　　　　50
　　⑵なぜそこへ買い物に行くの？　　　　　　　　52
　　⑶スーパーマーケットへ見学に行こう　　　　　54
　　⑷品物はどこから来るの？　　　　　　　　　　56
　　⑸環境・人、そしてインターネット　　　　　　58

4 農家の人の仕事
　　⑴わたし達の市や町でつくられている農作物を調べる授業　60

(2)見学から授業「農家の工夫」、そして更にインタビューへ　62
　　　(3)出荷・売り方、そして新しい農業へ　64

　5　工場ではたらく人の仕事
　　　(1)地域にある見学したくなる工場の見つけ方　66
　　　(2)工場見学メモスキルと授業システム　68
　　　(3)見学からKJ法、そして工場の工夫へ　70

第3章　活動中心！ 知的に楽しい中学年社会科授業のコツ

　1　かわってきた人々のくらし
　　　(1)これなあに？　昔の道具調べ　72
　　　(2)昔のくらしを実感させる授業スキル　74
　　　(3)地域に残る伝統的なお祭りや行事の授業システム　76

　2　わたし達の町を紹介しよう
　　　(1)市の観光パンフレットを作成しよう　78
　　　(2)わたしの町の観光PR動画をつくろう　80

　3　災害や事故事件からくらしを守る
　　　(1)イラストや写真から工夫や連携を見つける　82
　　　(2)消防署見学やインタビューから工夫や連携を見つける　84
　　　(3)警察署見学やインタビューから工夫や連携を見つける　86
　　　(4)地域の消防団の人に聞いてみよう　88

　4　わたし達の飲料水はどこから来ているの
　　　(1)1日どれくらい水を使うの？　90
　　　(2)水道の先はどうなっているの？　92
　　　(3)浄水場見学のスキルと授業システム　94

(4)水のサイクル図を使った授業　　　　　　　　　　96
　　(5)わたし達の生活と資源の活用　　　　　　　　　　98

5　ごみの処理と人々の工夫
　　(1)教室のごみはどこまで行くの？　　　　　　　　100
　　(2)清掃センター見学までの指導　　　　　　　　　102
　　(3)ペットボトルはごみか、ごみでないか　　　　　104

6　郷土を開く
　　地域の発展に尽くした人々を調べさせる授業システム　106

7　わたし達の都道府県
　　(1)都道府県の概観を地図やグーグルアースで見せる　108
　　(2)地形や気候・土地利用を授業する　　　　　　　110
　　(3)わたしの町のすごいところ　観光・まちづくり　112
　　(4)都道府県の位置と名称を定着させる　　　　　　114
　　(5)つくって見せよう！　都道府県パンフレット　　116
　　(6)どの子も楽しむ　都道府県PR動画　　　　　　118

第1章 知的に楽しい中学年社会科授業のコツ

1　3・4年生で身につけさせたい社会科の技能一覧
中学年社会科学習スキル 10

直接体験の重要性と学習スキル

> ポイント　直接体験をさせること

3・4年生社会科で最も重要なことが上記である。地域を学ぶ。現地に出かける、見学、インタビューなど、多くの経験をさせることが重要である。

中学年社会科に必要な学習スキル10

基本的な学習技能
- ①写真やイラストを読み取る技能
- ②箇条書きにする技能
- ③質問を考える技能
- ④見学したことをメモする技能
- ⑤インタビューする技能
- ⑥ノートに見学したことをまとめる技能

☆資料から、わかったこと、気づいたこと、思ったことを箇条書にする。	☆番号を書いて箇条書きにする。 ☆見開き2ページにまとめる。 ☆イラスト、図を使う。

空間認知
- ⑦地図を読む技能
- ⑧簡単な地図を書く技能

☆簡単な地図から自分の家や学校を見つける。 ☆実際に歩いて地図にする。	☆地図記号がわかる、使える。 ☆四方位「東西南北」がわかる、使える。

発展
- ⑨教科書や副読本で調べられる技能
- ⑩インターネットで調べられる技能

☆キーワードを見つける、検索方法を知る。

(例)イラスト読み取りから見学への授業の流れ

①絵を見て、わかったこと、気づいたこと、思ったことを、ノートにできるだけたくさん箇条書きにしなさい。

　一つ一つの言葉に意味がある。わかったこと、気づいたこと、思ったことの順番だから、思ったことでいいのかと気軽に書ける。また1、2と箇条書きにするからこそ、自分の書いた数がすぐわかり、たくさん書けば書くほど、自己肯定感も上がる。数がわかると友達と比較もする。内容を見比べ、違いが生まれ、調べたいことが出てくる。これが見学の際の質問にもなる。

②調べたいことのインタビューを練習します。聞くことをノートに書いて、先生がお店の人のつもりで言いにいらっしゃい。

　多くの子供達が聞いている中で「それは失礼だな」「挨拶がない」など指摘していくと、楽しい雰囲気の中でインタビューの技能も鍛えられる。そして見学に行った際、実際に聞くことで、多くの内容を理解することもできる。

地図指導

　地図技能は4年生までに身につけさせたい。3年生の1学期、できるだけ校区探検に出かける。持ち物はノートと筆記用具。教室であらかじめ今日の探検場所までの地図を書かせる。最初は簡単な方が良い。見学途中で次のように言う。

見えているもの全部を地図に書き込みなさい。

　子供達は、例えば電柱、例えば犬、例えば川などを地図に書き込んでいく。そのうち地図記号を使う子供達も出てくる。それを褒めるから更に地図を書きたくなる。最後、そこに方位記号などを入れていけば良い。

(川原雅樹)

第1章 知的に楽しい中学年社会科授業のコツ

2　1時間の授業をパーツで構成する
子供が熱中する1時間の授業システム
授業をパーツで組めば良い

ポイント　1時間を幾つかのパーツで組む

　45分を1つの学習内容だけで構成すると、子供達は疲れ、飽きてしまう。1時間の中に次のようなパーツを入れ、テンポ良く授業すると、子供達は楽しく、力も付き、社会科を好きになる。

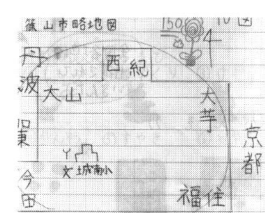

1時間の授業パーツ例

導入
① フラッシュカード

　☆一度に5～6枚。地図記号や都道府県名など

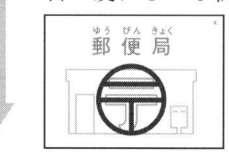

注文先　正進社 http://www.seishinsha.co.jp/

学習技能
② 地図帳で地名探し
③ 略地図書き

　☆校区地図、市区町村、都道府県地図など

本時の学習内容
④ 写真やイラストの読み取り
⑤ 教科書の内容
⑥ 資料集や副読本での作業

　☆教科書や自作資料などを使用する

まとめ
⑦ ノートまとめ

フラッシュカードの良さ

　上記から4～5つ程度で1時間を構成する。必ずやるのはフラッシュカードである。授業最初1、2分がいい。例えば次のようなフラッシュカードを行う。

| 1　地図記号（方位記号も含む） |
| 2　都道府県名と県庁所在地 |
| 3　国旗 |

　授業の最初、全員の子供達が帰って来てなくても始める。フラッシュカードを持って「はい」と言うだけで「郵便局」と言い始める。遅れて来た子も急いで座り授業に参加する。

| 1　いつの間にか覚えてしまう。 |
| 2　少しの時間を無駄にしない。 |
| 3　みんな急いで帰って来る。 |

　上記のような効果が生まれる。授業最初「気をつけ」「礼」等やっていると、これだけで5分程過ぎる。フラッシュカードだと、知識も身につく。最初から授業に参加もする。

地名探しの良さ

　地図帳で地名探しをする。慣れてくると、自分たちで問題を出し合うようにもなってくる。教師が黒板に今日出すページ数と、その日にやる問題数を書く。1番に地名を書く。これだけで子供達は地図帳から地名を探す。探せたら立っていく。教師は順番を付ける。10人位立ったら「立っている人、座っている人に教えてあげなさい」と言う。一番に立った子は次の問題を出す。これだけで教室は盛り上がる。その後、略地図書きや地図の直写（トレーシングペーパー等に地図を写す）を行う。その後、教科書の内容に入っていく。

（川原雅樹）

第1章 知的に楽しい中学年社会科授業のコツ

3　1時間の単元構成の基本形
KJ法でできる単元構成システム

見学→メモ→KJ法→すごい工夫

ポイント　見学を中心に単元構成を

　中学年社会は地域学習が中心だ。できるだけ多くのことを直接見学することにより、より具体的に社会のことを理解すると共に、地域に誇りを持つようにもなる。見学を中心に単元を構成する基本形を紹介する。

見学を中心にした単元構成システム

資料提示
〈写真やイラスト等1枚の資料を準備する（読み取り）〉
①資料を見て、わかったこと、気づいたこと、思ったことをできるだけたくさんノートに箇条書きにしなさい。

☆できるだけ多く出させ、単元についての情報を揃える。
☆「もう3つ書いた人？」「すごいねえ」等、教師が驚き、褒めていく。

課題設定
②おかしい意見はありませんか（討論）。
③調べてみたいことを箇条書きにしなさい。

☆おかしい意見を言っていくと、反論が始まる。その子を褒めると討論につながる。

調査方法
④どうやったら調べられますか。

☆人に聞く、手紙、インターネット等。自分でも調べるよう促す。

見学
⑤見学→質問→「目についた物を全て箇条書きにしなさい。」
（なぜそこにあるの？）

整理・結論
⑥KJ法→一番すごいものは何か（討論）→まとめ

☆まとめは、ノートまとめや新聞、作文、レポートなど

| 目についた物を全て箇条書き | ☆驚くことがポイント |

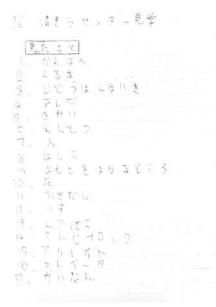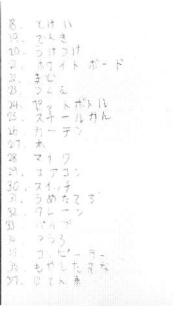

　　　　　　　　　　　　　　見学に行く前に日付けとタイトルは書き、あらかじめ5くらいまで番号を打つ。見学場所で見えたものを箇条書きにする。その場にあるものは必ず何かしらの意味がある。片っ端から書かせ、たまに「いくつ書いた？」と聞く。数を聞いて教師は驚けばいい。それだけで多い子で100個以上書く。教室に帰ってから「なぜ、それはそこにあるのか」を矢印と赤で書き込ませる。
（例：「電気」→明るく作業するため）

| KJ法をTOSSメモで | ☆TOSSメモだからきれいに書ける |

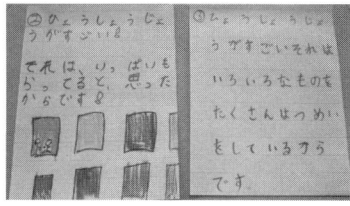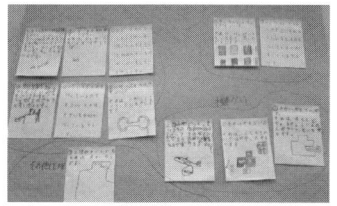

　見学場所の「すごい工夫」を箇条書きにし、その中から3枚程選ばせ、カードに書かせる。「似たカードを集めてタイトルを付けなさい」とＫＪ法で整理させる。3年生でも楽しく取り組む。この段階で簡単な討論になる。グループで「一番すごい工夫を選びなさい」と言うと更に討論になる。カードは付箋よりTOSSメモを使った方がきれいに意欲的に書ける。（注文先：東京教育技術研究所　http://www.tiotoss.jp/）

（川原雅樹）

第1章 知的に楽しい中学年社会科授業のコツ

4 授業の導入は1分間フラッシュカード
3・4年で使えるフラッシュカード
活用スキルとシステムそしてカード例

> ポイント　最初の1分で授業に集中！

　毎時間、1分間行うことで、子供達は無理なく地図記号や都道府県名を覚えられる。カードを手元に持っておくことで、1年間授業が安定する。

フラッシュカード活用システム

作成方法
①厚手の紙を用意する。
②手書き、またはデータからプリンタ印刷する。

☆正進社フラッシュカードがお奨めである。
　（http://www.seishinsha.co.jp/）

使用方法
①利き手と反対の手でカードを支える。
②後ろから前にめくる。
③基本は次。
　1．教師の後（2回復唱）
　2．教師の後（1回復唱）
　3．子供だけで言う

☆事前に鏡の前で何度か練習しておくとスムーズ。

授業での活用法
①授業のはじまりで行う。
②チャイムが鳴ったら、待たない、すぐはじめる。
③一度に扱うのは5～6枚。

応用技
①カードの一部分だけ一瞬見せる。
②一番早く言えた子供の勝ち。

資料1　3年生地図記号　（自作版）注文は正進社で可能である。

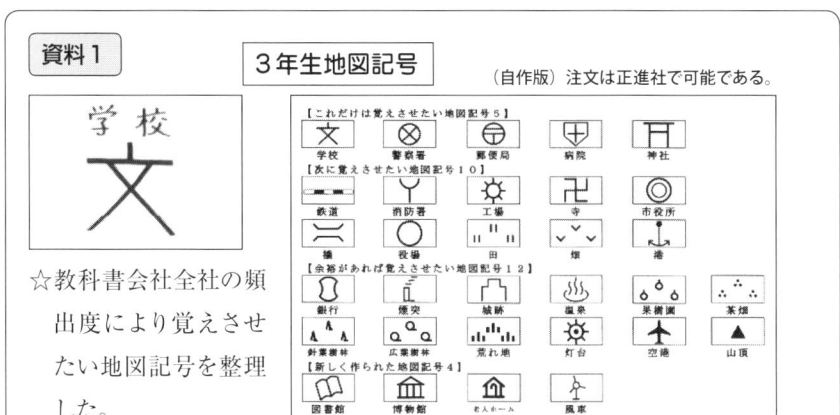

☆教科書会社全社の頻出度により覚えさせたい地図記号を整理した。

資料2　4年生都道府県　☆表に都道府県名

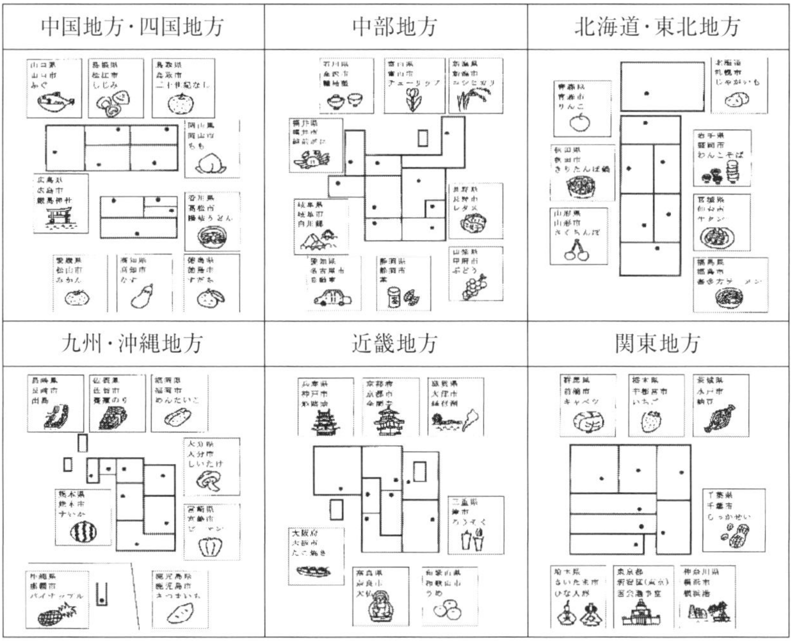

中国地方・四国地方	中部地方	北海道・東北地方
九州・沖縄地方	近畿地方	関東地方

☆裏に都道府県庁所在地と名産品

（大月　一）

第1章　知的に楽しい中学年社会科授業のコツ　　17

第1章　知的に楽しい中学年社会科授業のコツ

5　資料読み取りのスキル
（1）教科書50％以上の写真資料の授業
写真読み取りスキルから知的授業へのシステム

ポイント　わかったこと、気づいたこと、思ったこと

1枚の写真から多くの情報を読み取るには、「わかったこと」「気づいたこと」「思ったこと」の3つを問う。この指示の方法がポイントである。

写真読み取り授業のシステム

指示
①写真を見て、分かったこと、気づいたこと、思ったことをノートにできるだけたくさん箇条書きにしなさい。

評価
☆「1つ書けたら1年生、3つ書けたら3年生……」と伝えると、子供の書くスピードが上がり、量も増え、より意欲的になる。
☆「一番多く書けたクラスはみんなで400を超えたそうですよ。みんないくつ書けるかな。」等目安を言うと、子供達は張り切って書く。

活動
②3つ書けた子から持って来させ、○を付ける。
③意見を1つ板書させ、右から順に発表させる。（資料1）

☆全員の板書を待たずに、次々発表させていく。
☆そのために、板書させるときには、子供の名前を最後に書かせると、次が誰の発表なのかがわかるので良い。

発問
④雪小モデル（右参考）から発問する。
（例：季節はいつですか？　どの方角からの写真ですか？）（資料2）

☆右の表を発問形式にして問うていく。

討論
⑤おかしいものを発表しなさい。
⑥○○の工夫を見つけて発表しなさい。

☆単元のねらいに迫るテーマで討論になるのが望ましい。

資料1　☆ 子供の板書

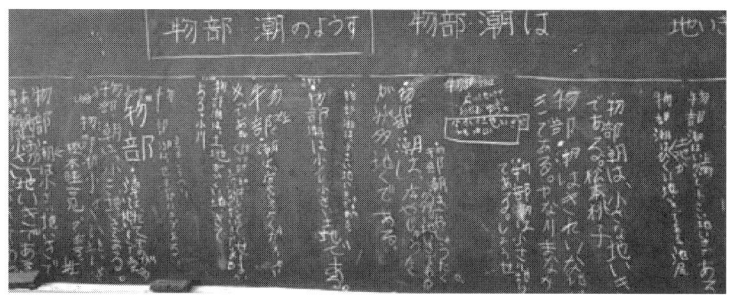

　なぜ、子供に意見を板書させるのか。理由は次の2つである。
　①早く書けた子に板書させることで、学力低位の子は「早い子の意見を参考にして」書くことができる。
　②黒板に書かれた意見を次々に読ませることで、視覚と聴覚から情報を入力することができ、子供の内部情報を増やすことができる。
　そして、子供が黒板に書いた意見から、授業を組み立てていくのである。

資料2　☆ 雪小モデル（向山洋一氏作成 写真読み取りの意見分類表）

子どもの意見分類表　一人最低(　)こ　最高(　)こ　総数(　)こ		目についたこと	くらべたこと
もの・形 〜がある 〜が大きい 白い	①人 ②動物 ③のりもの ④山・川・自然 ⑤道具・機械 ⑥かんばん ⑦その他	A	E
分布　〜が多い、少ない		B	F
地域的、空間的なこと どこ、どちら向き		C	G
時代的、時間的なこと いつ、何時		D	H
その他			I

　向山洋一氏が考案された写真読み取りの意見分類表である。A→Hに向かって、より高次に読み取った意見と考えることができる。ただし、「Ｉその他」に入った意見は「意見が分裂し、討論になる可能性を秘めている」と向山氏は述べている。写真読み取りには必須の表である。この表から「季節」や「時間」を発問すると討論になりやすい。

（堀田和秀）

第1章 知的に楽しい中学年社会科授業のコツ

5 資料読み取りのスキル
(2) グラフの基本読み取りスキルから知的授業へのシステム
グラフの基本要件と授業の流れ

ポイント　基本要件3・2そして5つの変化

　グラフ資料を読み取るには、絶対はずしてはいけない7つの基本要件がある。これらを押さえながら変化の原因を授業すると知的な授業となる。

基本要件から授業へのシステム

基本要件3
①グラフのタイトルは何ですか。
②出典は何（どこ）ですか。
③年度はいつですか。

☆上記がない場合は統計資料とはいえない。ない場合は「不明です」と押さえる。全部指で押さえさせる。

基本要件2
④縦軸の単位は何ですか。（何を表しますか。）
⑤横軸の単位は何ですか。（何を表しますか。）

☆初めのうちはそれぞれの線をなぞらせると良い。

5つの変化
⑥次の5つの変化のどれが当てはまりますか。

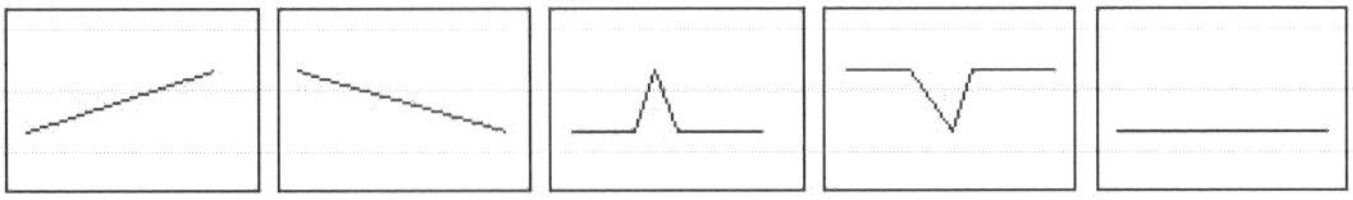

【段々上がる】【段々下がる】【突然上がる】【突然下がる】【変化なし】

☆上記より1つ選ばせる。「段々上がり、段々下がる」と組み合わせることもある。

変化の原因
⑦変化の原因を予想しなさい。（調べなさい。）

☆予想は自由に認める。調べさせる場合には、教科書等から見つけさせ、線を引くと良いだろう。

> [!NOTE]
> **授業例**　（グラフの読み取り例）

①グラフのタイトルは何ですか。（ごみしょり量の変化）

②出典はどこですか。（名古屋市環境局資料）

③年度はいつですか。（不明）

④縦軸の単位は何ですか。（万トン）（ごみのしょり量）

⑤横軸の単位は何ですか。（年）

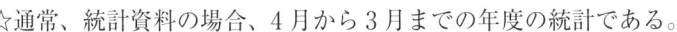

ごみしょり量の変化

☆通常、統計資料の場合、4月から3月までの年度の統計である。

⑥グラフの変化は次の5つのうち、何ですか。（段々下がる）

⑦変化の原因を教科書から見つけて線を引いて持っていらっしゃい。

・リサイクルが増えてきた。　・人口が減ってきた。……etc.

☆グラフの変化の原因には「戦争」「災害」「発明」等、必ず社会的要因がある。この原因と結果を結びつけられるのが「社会科がわかる」ということである。多くの場合、原因は複数ある。それらを予想すると、また知的な授業となる。

縦軸横軸　最初の授業例　　☆ **最初は指で数字を押さえさせる**

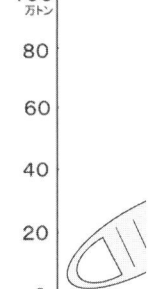

　初めて授業で扱った時、縦軸のことを「グラフの横の方に書いてある軸だから横軸だ」と勘違いする子もたまにいる。初めてのグラフ読み取り指導の時には、まず0に指を置かせ順に一緒に読んでいくと良い。

> グラフの0を押さえなさい。指で押さえていきなさい。0、20、40、……。「縦軸」といいます。縦軸の単位は何ですか？（万トン）ごみの処理量を表します。

　同じように横軸もやっていく。

（大牧丈夫）

第1章 知的に楽しい中学年社会科授業のコツ

6 教室熱中地図指導スキル
授業のはじめは、地名探し！

子供を地図帳好きにするスキルとシステム

```
ポイント　毎時間はじめに、次々と
```

　地図帳を毎時間の授業に組み込む。重要なのは、待たずにテンポよく問題を出していくことである。

地図帳による地名探しのシステム

先生問題
①地図帳のページを開きます。
　☆ページを限定し1日3問程行う。ページ数と問題番号だけ板書し、問題の地名を書き込んでいく。

地名探し
②「○○」（地名を言いながら板書）
③見つけたら赤鉛筆で囲んで立ちます。
　☆教師は立った子に1、2と番号を付けていく。
　☆「まだ見つからない人？」と確認し、教え合うと良い。

ヒント
④ヒントが言える人（挙手→指名。数人）
　☆「～の近く」等。慣れてくると「2のイ」等番号で。

教え合い
⑤立っている人、座っている人に教えます。
　☆3分の1程度立ったところで教え合い座らせていく。

次の問題
⑥1番の人、次の問題を出しなさい。
　☆全員座ったところで1番だった子に次の出題をさせる。次時からは最後に1番だった子が出題し、上記の繰り返しとなる。

> ヒントと索引

☆はじめは「○○の近く」や「○○の右」、慣れてきたら東西南北や索引番号を使わせる

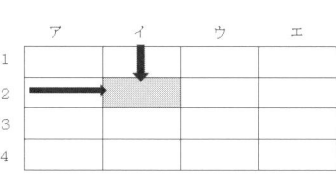

はじめ、子供達はヒントで「○○の近く」「○○の右」等という。少しずつ地図帳のページの方位記号を使い「東西南北」を教える。更に「イの近く」「2の近く」等という子も出てくる。その時に、上記の様な索引の番号を教える。慣れてくると子供達は索引を使って探す様にもなる。重要なのは最初から教え過ぎず子供達が発見することだ。

> 活動の様子

☆子供達は授業最初から地図帳を開いている

授業の最初に毎回行うと、始まる前から子供達は地図帳を開いてじっと地図を見ている。友達と問題を出し合っていることもある。

次の出題者になってもいいよう、面白い地名を探している子も出てくる。休み時間、家族でお出かけする場所を地図帳で調べる子も出てくる。

地名探しは地図好きな子供を育てていく。

> 発展

☆友達の名前や数字、動物の名前などの地名

地図帳には様々な地名がある。次の様なテーマで地名探しをしてみても面白い。

①クラスの子供や動物の名前
②津の付く地名（水と関係する）
③数字の付く地名（一番大きな数字は？）
④一戸、二戸、……、一宮、二宮、等。
　（特徴のある数字の付く地名）

（久田浩嗣）

第1章 知的に楽しい中学年社会科授業のコツ

7 単元のまとめはノート見開き2ページに限定するとビジュアルに
評定と例示の繰り返しで！
うっとりする程美しくなるノートまとめのシステム

ポイント　合格・不合格を明確にする

単元をノート見開き2ページにまとめさせる。合格・不合格を明確にし、不合格はやり直しさせる、上手なノートを紹介することがポイントである。

ノート見開き2ページまとめのシステム（2時間程度）

【指示と範囲】

①ノート見開き2ページに○○をまとめます。

　☆○○は例えば「日本の工業」黒板に教科書と資料数の該当するページ数（○～○）と書いておく。
　☆以前担任した子のノート等を見本に見せる。

【条件】

②できるだけ自分の言葉でまとめなさい。グラフや表等は写して構いません。
③びっしり、丁寧に、美しくまとめます。
④色鉛筆で色も塗ります。

　☆最初は丸写しでも認めるが徐々に自分の言葉で書かせる。上記条件は板書しておくと子供自身も意識できる。

【途中評定】

⑤1ページできたら持っていらっしゃい。

　☆1ページ段階で合格不合格を評定する。「もっとここに書ける」「線は定規で」等具体的に言うと次ページにいきる。

【評定】

⑥「びっしりだ、合格」等最終評定をする。

　☆上手なノートを紹介する。終わった子には別課題を与える。

> 子供のノート　☆ 学級通信などで学期に数回紹介する

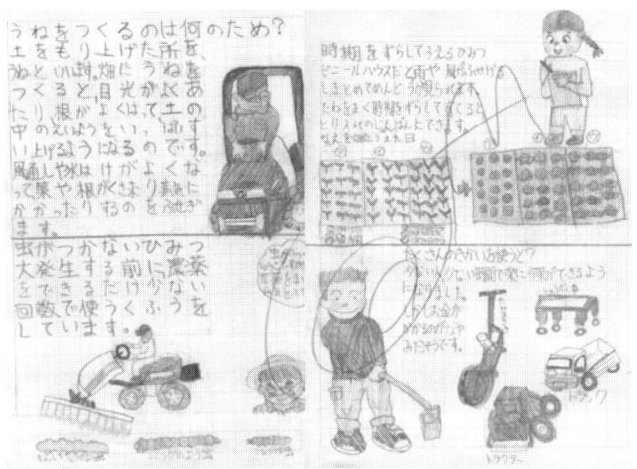

　合格・不合格の個別評定が効果的である。どの子も評定して欲しいと思っている。明確に評定するから、「次回頑張ろう」「頑張ってよかった」と思うのである。

　最初に「2時間でやります」等時間も示しておく。途中でもそこで終了したり、空いた時間にさせることもある。

> 発展　☆ 写真を貼らせる、赤鉛筆、点数をつける

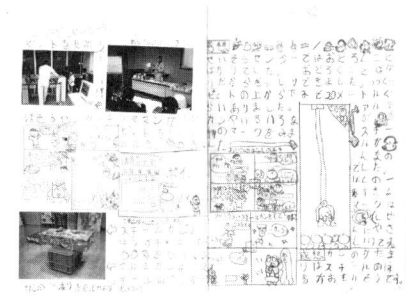

見学の写真を貼らせ、コメントを書かせることもある。「3枚まで」等限定することが重要である。また、何を書いていいかわからない子等には教師が赤鉛筆で薄く書き、なぞらせると段々わかってくる。AAA〜Cまで段階を経て評定することもある。

(小原嘉夫)

第1章 知的に楽しい中学年社会科授業のコツ

8 見学でのノートメモのコツ
見学では目についたものを全て書く

見学時、子供が熱中するメモのスキルとシステム

ポイント　目についたものを全て箇条書きにさせる

　見学では、目についたものを全て箇条書きにさせる。教師は「いくつ書けた?」と途中経過を聞き驚けば良い。

見学時のメモのスキルとシステム

見学前

①教室でタイトル・番号・例示を書かせる。

　☆見学前、教室でタイトル「○○見学、目についたもの」「1蛍光灯」等、番号と例示を書かせる。

見学

②目についたものを全て箇条書きにしなさい。

　☆「目についたもの」なら何でもいいことを告げる。

評価・確認

③すごいなあ○個も書いたんだ等驚く。

　☆途中何個書いたか数を聞き、教師が驚くことがポイント。驚くから意欲的に益々書くようになる。「もう○個以上書いた人?」「凄い」等の確認も行う。

見学後

④教室で数を一人一人聞く。

　☆一人一人名前を呼んで数を発表、名簿に記録する。

単元内容へ

⑤なぜそこにあるのか意味を書かせる。(子供のノート例)

　☆教室で「1電気→作業しやすい」等、なぜそこにあるのか理由を書かせる。そこから「○○の工夫」と単元目標に迫らせる。

見学の様子 ☆ 見学に行く前、ノートの型を完成させる

　見学に行く前にノートの型が完成している必要がある。ポイントは箇条書きである。①②③……と意見に番号を振って箇条書きで書くということを指導しておく。更に、メモの横に矢印を書かせる。矢印の右には、なぜそうなっているのかという因果関係を書かせる。因果関係は社会科として必要な学習である。見学から帰ってきての調べ学習にもつなげたい。ノート見開き2ページを使い、左のページにメモ、右のページになぜそうなっているのかを書かせる。

子供のノート例 ☆ 教室で事前に練習をしておく

　見学前に教室で練習しておく。子供達のノートは、
①黒板がある。
②蛍光灯が8個ある。
③テレビが置いてある。
などと、どんどん書くようになる。その全てに理由がある。

板書例 ☆ たくさん書かせるコツ

　見学から帰ってきた次の時間。子供達の意見をたくさん出させたい。黒板に点を打っておき、メモを見ながら黒板に書かせていく。縦書きに書かせると、同時にたくさんの子供が書ける。子供が見学でメモしてきたことを使って授業を展開していく。

・お店の入口は二つ。
・車がたくさんあった。
・レジは6台あった。
・白い服の店員さんもいた。
・ゴミ捨て場があった。
・リサイクルもしていた。
・バックヤードもあった

（小原嘉夫）

第1章 知的に楽しい中学年社会科授業のコツ

9 討論授業のコツ
討論が必ず盛り上がるテーマ

必ず討論になる中学年のテーマ一覧

ポイント　最後は二者択一に

以下、中学年で必ず盛り上がる討論テーマ。最初多様な意見をたくさん出させ、最後は二者に絞り討論するのがポイントである。

中学年　必ず盛り上がる討論テーマ

3年生「学校まわり」

①学校のまわりにあるものや、登下校中に見かけた珍しいものをみんなに紹介してください。

討論への補助発問
1. 地図を書いて説明しなさい。(地図のどこにあるかで討論)
2. 誰がつくったものでしょうか。(特定できない時討論)
3. 誰が使うものでしょうか。(誰もが使うから討論)
4. 何の役に立つのでしょうか。(2つ以上予想しなさいと指示)
5. 他にこのようなものがあるのでしょうか。(あるなしで討論)
6. ズバリ名前を付けなさい。(おかしい意見について討論)

3・4年生「地図記号」

②外国の地図記号も日本と同じなのでしょうか。違うのでしょうか。

☆絵図から地図記号を学んだ子供達の多くは外国と一緒と言う。
理由まで書かせ発表していくと討論になる。

討論への補助発問

外国の地図記号です。
それぞれ何を表すでしょう。

左はアメリカの学校。右はオランダの市役所。どちらも国旗を掲げている様子である。日本の地図記号と違うこと、国旗をそれぞれの国で大切にしていることにもふれる。

3年生 スーパーマーケット

③（スーパーマーケットの写真やイラストを示す）わかったこと、気づいたこと、思ったことをノートにできるだけたくさん箇条書きにしなさい。

（以上発表した後、次の発問）

討論への補助発問
1. 季節はいつですか。
2. 朝、昼、夕方、夜のいつですか。
3. 平日ですか、お休みの日ですか。
4. お店の人とお客さんに分けなさい。
5. 売り物と違うものに分けなさい。
6. お店屋さんの工夫を見つけなさい。

4年生 火事から人々を守る

④（火災現場の写真やイラストを示す）わかったこと、気づいたこと、思ったことをノートにできるだけたくさん箇条書きにしなさい。

（以上発表した後、次の発問）

討論への補助発問
1. 消防、警察、ガス会社、電気会社、テレビ会社が来ています。119番をしたら全てにつながるのですか。つながらないのですか。
2. 消防、警察、ガス会社、電気会社、テレビ会社。到着順に番号をつけなさい。
3. （マンホールからのホース部分の絵）火事を消す水は水道水なのですか。別の水なのですか。
4. 消火に使った水の料金は誰が払うのですか。（火事を消してもらった人・町内会・消防署・市等）

発展　☆ 写真の読み取りから自然に討論になる発問

写真やイラストの読み取り後、黒板に意見が出揃ったら次のように問う。
「おかしい意見を発表して下さい」
これだけで、反論まで出て、自然に討論になる。教師は一つ一つ意見を選び整理すれば良い。

（松本俊樹）

第1章 知的に楽しい中学年社会科授業のコツ

中学年社会科単元全体構造図
〈学年は例示〉

第3学年　地域の工夫を知り、地域に愛情を持とう

↓

わたし達の校区の様子

特徴	概観	地図記号	校区探検	教室・学校
方位毎の特徴を絵地図にまとめる	高所から東西南北を見渡す	①絵地図 ②フラッシュカードで暗記	①学校のまわり ②自分の地区 ③校区へ	①私の席 ②友達の席 ③教室

↓

 **わたし達の市の様子**

市全体について	お店で働く人	農家の人の工夫	工場で働く人
①校区の位置 ②特色ある地形 ③交通関係 ④公共施設	①お店の工夫 ②消費の工夫 ③環境の配慮 ④他地域との関係	①特色ある産物 ②農家の工夫 ③新しい農業 ④他地域との関係	①特色ある製品 ②特色ある工場 ③工場の工夫 ④他地域との関係

↓

かわってきた人々のくらし（①道具　②くらし）（③祭り　④行事）

↓

わたし達の町を紹介しよう（パンフレット・動画）

```
┌─────────────────────────────────────────┐
│ 第4学年　地域を守ってくれる人々と都道府県 │
│ 　　　　わたし達の都道府県に愛情を持とう │
└─────────────────────────────────────────┘
                    ↓
┌─────────────────────────────────────────┐
│       わたし達のくらしを守ってくれる人々  │
└─────────────────────────────────────────┘
```

災害や事故	生活に必要なもの	衛生的な生活
①消防署の工夫連携	①飲料水の確保	①廃棄物の処理
②警察署の工夫連携	②電気・ガスの確保	②下水処理
③自衛隊の工夫連携	③地球環境問題	③地球環境問題
④地域消防団の工夫	④水の循環サイクル	④ごみの循環サイクル

郷土をひらく：地域の発展に尽くした先人（開発・教育・文化・産業）

わたし達の都道府県

位置と名称	地形	産業	交通	くらし
①市の位置	①山地	①分布	①道路	①伝統工業
②隣の市	②平野	②特色	②鉄道	②地場産業
③47都道府県の位置と名称	③半島	③生産量の多い生産物	③港	③観光名所
	④川・海・湖		④空港	④伝統文化

国内の他地域や外国とのかかわり

わたし達の都道府県をPRしよう（パンフレット・動画）

第1章　知的に楽しい中学年社会科授業のコツ　　31

第2章 単元別具体的な授業のコツと指示発問

1 わたし達の学校のまわり

(1) わたしの席はどこ？ 友達の席は？

子供の空間認知をつくるコツ

ポイント
①子供達の空間認知能力は、自分のいる場所から学校、地域、校区、市などへと同心円に広がっていく。
②教室の自分の席から少しずつ空間を広げていく。

授業の流れ

①あなたの席は前から何番目ですか？

ポイント 「1番目」「2番目」……と手を挙げさせていくと自分の位置がよりわかりやすくなる。

②あなたの席は後ろから何番目ですか？

・3番目・4番目・5番目……（上記ポイントと同じ様に）挙手させる。

③右から何番目？ 左から何番目？

これで前後左右までわかる。今後、東西南北に広がっていく。

④あなたの席を赤鉛筆で塗って、前から○番目、後ろから○番目、右から○番目、左から○番目と書いて持っていらっしゃい。（資料1）

ポイント 黒板に資料1の様な座席の拡大図を貼っておく。できた子から黒板で「私の席は……」と発表させていく。

⑤自分の教室を塗って持っていらっしゃい。（資料2）

| 資料1 | ☆ 教室の座席 |

　黒板、机の数だけわかるシンプルなプリントを作成する。黒板に書いて、ノートに書かせても構わない。その際は、黒板を書かせ、左端から机を書かせていくと容易に書くことができる。下に左の様な文を書くスペースを取っておく。黒板にも同じ様に図示する。

| 資料2 | ☆ 自分の階の校舎 |

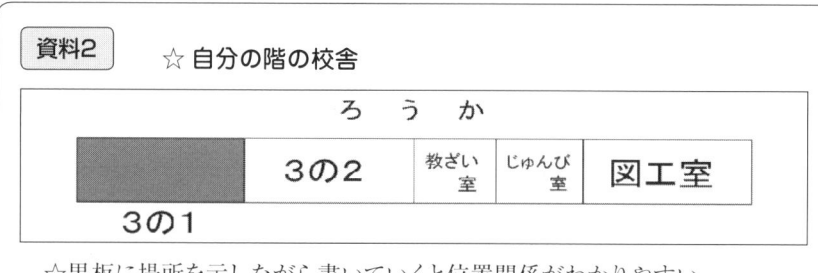

☆黒板に場所を示しながら書いていくと位置関係がわかりやすい。

| 発展 |

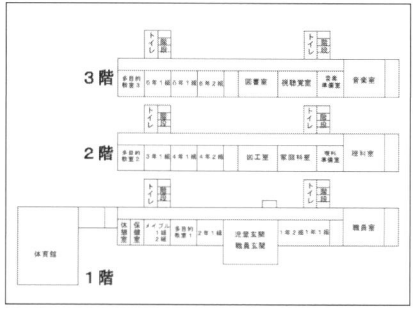

①違う階を書いて持っていらっしゃい。
②（学校全体の地図、遊具など幾つかだけ記入）残りを書いて持っていらっしゃい。（例：プール）
③（学校全体地図を配付）みんなの教室に印を入れて持っていらっしゃい。（校舎地図は職員室でもらえば良い）

一つ一つ黒板に書かせ検討していくと、楽しい授業になる。

（川原雅樹）

第2章 単元別具体的な授業のコツと指示発問

1 わたし達の学校のまわり
（2）校区探検授業のシステム

どこに行き、どう地図に書かせるかのスキルとシステム

| ポイント | ①はじめは一本道などの簡単な経路を計画し、教室で道だけ書いておく。
②探検の途中、その場でまわりを見て地図に見えたものを書き込ませる。

授業の流れ

〈計画〉学校から一本道の場所を選んでおく。

> ポイント　一本道しかなく、まわりに工場や畑、友達の家など幾つかの地図に書き込める場所を選んでおく。

①ノートに学校を書きなさい。
②道を書きます。
③探検する神社を書きなさい。
④四季山とプールも書き込みます。

> ポイント　教室であらかじめ地図を書く。学校、目的地、そしてプール等指さしながら書くと位置関係も理解できる。

⑤神社へ出発。ノートと筆記用具を持って行きます。

> ポイント　出発時に学校、今から歩く道をノートで指さしておくと、子供の空間認知もできてくる。

⑥（途中で）見える物全てを地図に書き込みなさい。（資料1）

> ポイント　絵でも地図記号でも良い。犬小屋の犬、トラクターなど何でも見える物を書き入れさせると盛り上がる。

☆教室に帰って、更に書き込み、色まで塗らせ、持って来させて終了する。

| 資料1 | ☆ 探検途中で地図に書き込ませる |

　　探検途中、2、3回立ち止まり、見える物全てを地図に書き込ませる。(もちろん交通には教師が十分気をつけるようにする。)子供達は指さしながら、「あっちが学校だから……」等、位置関係を意識しながら様々な物を書き込む。田、電柱、家、木……。「先生、この家は犬を飼ってます」と犬を書いてくる子、「珍しいトラクターがここにはあります」とトラクターを書く子、○○君の家なども書き入れてくる。教師はそれを聞いて「すごいねえ。よく知ってるね。よく見たね」と褒めていくと更に意欲的に書き続ける。

| 発展 | ☆ 少しずつ道を複雑にしていく |

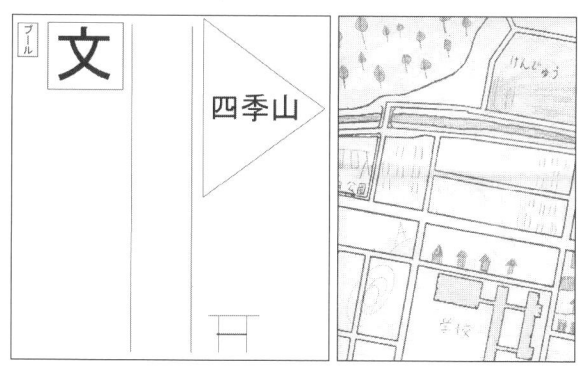

　　慣れてくると、絵から地図記号に変わってくる。更に、自分独自の記号をつけ、脚注をつけるようになる。更に、方位記号を書き込ませるようにする。段々と、しかも自然に地図を書く技能が身についてくる。一本道ができたら、次は1つだけ曲がり角を入れて書かせてみる。このように少しずつ複雑にすることで、自然に書けるようになる。最終的には「自分の家から学校まで」等描かせていく。

(川原雅樹)

第2章 単元別具体的な授業のコツと指示発問

1 わたし達の学校のまわり

（3）フラッシュカードと地図記号の意味

地図記号定着スキルとシステム

ポイント　地図記号指導３つのステップ
①フラッシュカードで覚える。
②成り立ちを予想する・調べる。
③自分で記号を考える。

フラッシュカードの流れ

①授業開始１分程度で行う。
②一度に扱うカードは５、６種類。
③教師の後について言わせる。
④はじめは２回繰り返し、次のカードへいく。
　（例：教師「神社」子「神社」、教師「神社」子「神社」）
⑤次は１回だけ、３回目は子供達だけで言わせる。
⑥アトランダムにカードを出す。

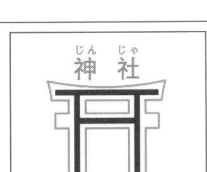

（上記、正進社フラッシュカード。注文先：http://www.seishinsha.co.jp/）

地図記号　授業の流れ

①神社の地図記号は何の形からできたのですか。

　ポイント　学校、空港、港、郵便局などをやっていく。ものの形や文字から地図記号ができたことを説明する。

②文……何学校の地図記号ですか。（小中学校）

　「文」は小中学校のみを表す。子供達はおどろく。

③高校を予想して持っていらっしゃい。（資料１）

☆黒板に次々書かせ討論。空港と国際空港をヒントに出す。その後、小学生がつくった地図記号があることも知らせ、地図記号作成につなげる。**（発展）**

資料1　☆ 地図記号は形、文字との組み合わせ

① ⛩ → 神社(とりいの形)
② 文 → 学校(文字、文ぶしょう)

左記①の子供のノートは左の様になる。地図記号は物の形または文字から成る。

左記③の板書の様子は以下。子供達の自由な発想は全て認める。

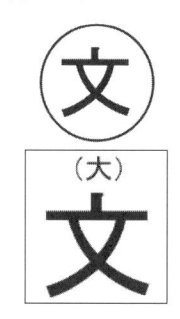

正解は右上。上が高校、下が大学である。高校の正解を提示し、大学を予想させると、多くの子供達は◎にする。文字を組み合わせることに子供達は驚く。ちなみに専門学校は上に（専）がつく。

発展　☆ 地図記号の意味の予想と新たな地図記号

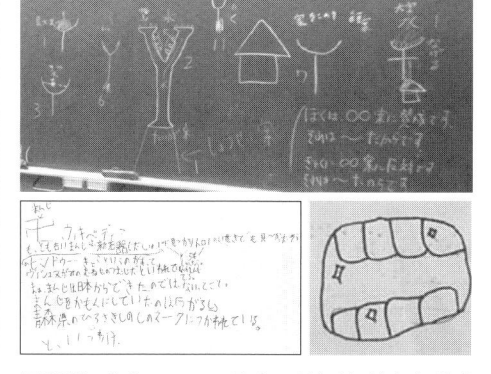

左は消防署の地図記号の成り立ちを予想した子供達の板書。様々な考えが出る。正解はすぐ示さない。子供達が調べてくる。このように地図記号の意味を次々授業すると子供達は地図記号に興味を持ち自分たちで調べるようになる（左下）。右下は、子供がつくった歯医者の地図記号。老人ホームや風車の地図記号を小学生がつくったことを告げ作成させた。

（川原雅樹）

第2章　単元別具体的な授業のコツと指示発問

第2章 単元別具体的な授業のコツと指示発問

1 わたし達の学校のまわり
(4) 屋上や高い所から校区を見渡す

校区を概観させ、おおよそをつかむ

ポイント
①屋上や高い所から校区を360度概観させる。
②東西南北、何が多いかおおよその特徴をつかませる。

授業の流れ　　　　　　　　　　　（子供達を屋上や高い所に連れて行く）

①あの看板の下には何があるかな。

> ポイント　「あの道を行って……」等、子供達は体験から答える。正解は言わない。子供達が調べるからである。

②あの道とあの道は、どっちが高いかな。

> ポイント　これも正解は言わない。「自転車でしんどいからあっちだ」等、体験をもとに子供達は答える。

③ぐるっと見渡して、わかったこと、気づいたこと、思ったことをノートにできるだけたくさん箇条書きにしなさい。

> ポイント　3つ書けたら持って来させ全て認める。「山側には家が多い」等分布を書く子が出たら更に褒めると、分布を書く子が増え、次の発問につながる。

④東(西南北)には何が多いですか。

☆方角毎の特徴と校区全体の特徴を大まかにつかませる。「○○君の家はどこかな？」と指をささせると体験と空間の一致にもつながる。

資料1 ☆ 体験と空間をつながせる

まず、校区が360度見渡せる場所を探すことが重要だ。学校の屋上が一番いいが、無理なら、団地等の高い所、山、歩道橋等でもいいだろう。「あの辺りには○○があるな」等子供達は口々に言うだろう。それらを発問にし、答えを告げないでおけば、次の日などに「行ってきた。○○だった」等、調べる子も出てくるだろう。

資料2 ☆ 分布を絵に描かせる

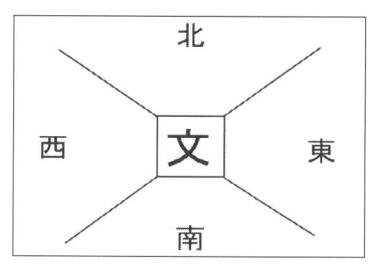

右ページの展開の後、ノートに左の様な図を書かせ、そこに絵でも字でもいいので、分布を書き込ませるのも良い。その際は屋上に行ってもいいだろうし、航空写真などで校区の写真を見せながら書くのも良いだろう。校区探検に行っているからこそ、ここでも、体験と写真、そして空間が結びつくのである。

発展 ☆ グーグルアースで校区を探検する

どうしても校区が見渡せる場所が無い場合はグーグルアースを見せると良い。また実際を見た後に、教室で校区の特徴を見せるのも良いだろう。「○○君の家に行こう」等、画面上で探検するのも良い。

(川原雅樹)

第2章　単元別具体的な授業のコツと指示発問

> 1　わたし達の学校のまわり
> ## （5）方位毎の特徴を校区地図にまとめよう
> まず自分で書かせ、その後白地図に

ポイント
① 校区探検に行っている、校区の概要を見ていることが前提条件となる。
② 自分でまとめた後、白地図にまとめると、体験と地図が一致する。

授業の流れ

① 家から学校までを地図に書きなさい。

> ポイント　子供達は体験をもとに想像をふくらませ書いていく。1ページで収まらない場合も多いので次々書かせる。

② あなたの地区の地図を書きなさい。

> ポイント　地区が難しい場合は「家のまわり」でも良い。2時間ほどで区切るとおおよそ自分の地区の地図となる。

③ 同じ地区の友達と集まって、地区の地図を完成させなさい。

> ポイント　ノートを持ち寄り完成させる。話し合いながら書くことが重要。1枚で足りない場合は次々足させていく。（資料１）

④ 地区の地図を貼り合わせて校区地図をつくろう。

> ポイント　大体でいいので地区と地区とを貼り合わせ校区地図にする。足りない場所等は教師が調整すれば良い。

⑤ 白地図に校区地図を完成させよう。

資料1　☆ 集まって書くと自然に論争になる

　はじめは一人一人地区の地図をノートに書く。それを突き合わせ、同じ地区の子同士で1枚の地図に表す。そこで論争になる。1枚では足りないので、次々画用紙を貼り合わせていく。今まで学習した内容や、例えば「こわい犬がいる」等の、その子にしか、その地区の子にしかわからない情報なども入れていく。これらをできるだけ集め、最後に1枚の校区地図にまとめていく。方位記号や地図記号も数多く使わせると良いだろう。世界に1枚の校区地図ができあがる。

資料2　☆ 正進社 町たんけんスキルセット

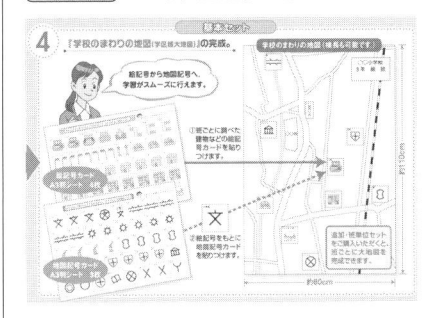

　正進社のホームページから自分の学校の校区地図を依頼する方法もある。
http://www.seishinsha.co.jp/book_s/detail.php?b=33「町たんけんスキルセット」と言う。自分の校区を知らせるだけで、試作品がまず送られ、それをチェックし、再度自分の学校の校区地図が届くシステムである。班毎のシールなどもついていて、簡単に自分の学校の校区地図を手に入れることができる。1年間で地図に学習内容を更に付け足していけば良い。

（川原雅樹）

第2章 単元別具体的な授業のコツと指示発問

2 わたし達の市の様子
(1) 市を鳥瞰する授業スキルとシステム

グーグルアースで市全体を鳥瞰しよう

ポイント
市全体の写真から知っている物を見つけることにより、体験と写真、そして市における位置関係を理解する。

授業の流れ

① ○○市の写真を見よう。

> ポイント　副読本や航空写真、グーグルアース等で、市全体が鳥瞰できる写真を人数分用意する。(資料1・2)

② 学校を見つけてみよう。

> ポイント　写真を見せるだけで多くのことを見つけるが、まずは全員が同じ体験ができる学校を見つけさせる。

③ あなたの家を見つけて友達に教えよう。

> ポイント　家そのものが載っていなくても「この辺り」と教えることで自分の体験をもとに写真を見るようになる。

④ 行ったことがある場所、知っているものをノートに箇条書きにしなさい。

> ポイント　次々箇条書きにさせる。「ピアノの発表会で行った」等体験を話しながら書くことも大切である。

⑤ 書いた場所を友達と写真で紹介し合いなさい。

| 資料1 | ☆ グーグルアースその1　見せる順番 |

日本から見せていくパターンもあれば、自分の学校から徐々に広げていく方法もあるだろう。私は「日本」「兵庫県」「篠山市」「学校」「校区巡り」「市内巡り」「兵庫県」「日本」「地球」の順番で見せた。3年生で理解する必要は全くないが、何となく日本のどのあたりに私たちは住んでいるのか、見るだけでもいいだろう。子供達は必ず自分の家を見つけようとするので、学校の後の校区巡りの時、地区名を言いながら「○○さんの家」等見せるのも良い。

| 資料2 | ☆ グーグルアースその2　ランドマーク |

自分の市を映す時は、誰でも知っている様なランドマーク的な建物や施設を映すのがいいだろう。「あ、篠山城」と子供達は次々言う。これだけでも市の学習になっている。篠山市の場合は、篠山城の中の施設を3Dで見ることができる。どの市でもおそらく1つか2つはそういう場所があるだろう。

| 発展 |　グーグルアースは、例えば「水の旅」「ごみの旅」等、川からダム、浄水場、学校、そして下水処理場、川へ等と、各単元で使用するととても便利である。

(川原雅樹)

第2章 単元別具体的な授業のコツと指示発問

2 わたし達の市の様子
(2) 特色ある地形や土地利用の様子
市内の特色ある地域をバスで1周しよう

ポイント
市内巡りで「田や畑の広がり」「住宅や商店の分布」「工場の分布」を見学により体感させる。

授業の流れ

① ○○市をバスで1周しよう。

> ポイント 「田畑」「住宅」「商店」「工場」の広がりがわかる場所を事前に選びコースを決めておく。

② この辺りは何が多いかな。(それぞれの場所で)

> ポイント 上記それぞれの見学場所で見えるものをノートに箇条書きにさせた後、②の発問をする。

③ まわりに何が見えますか。(バスの中で)
④ まわりは何が多いですか。(バスの中で)

> ポイント バスで移動中にも「山が多い」「田畑が多い」等の地形や土地利用の様子、分布に気づかせる。

⑤ 今日行った場所を地図にして、ノート見開き2ページにまとめなさい。

> ポイント 地図は大体でいいから書かせる。または略地図を教師が書き、そこに見学場所、土地利用をまとめさせる。「○○が多い」等の分布を中心に書かせると良い。

☆学年の終わりに学習したことを○○市観光パンフレットにまとめる。

資料1 ☆帰ってから分布毎に地図に色を塗る

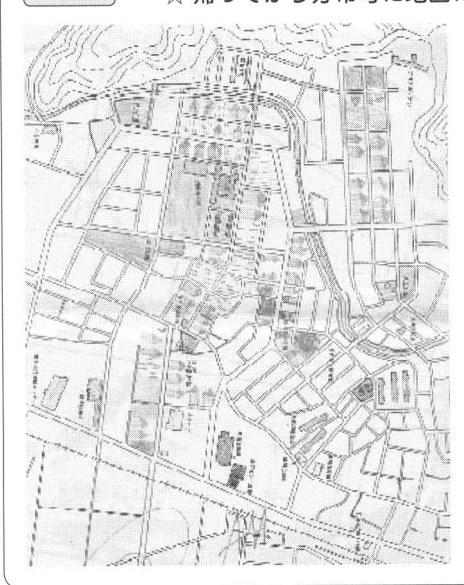

バス移動の途中、田畑が多い所、建物が多い所、商店街などを紹介しながら、バスで市内を巡っていく。「おばあちゃんの家の近くは畑ばかりだ」「よく行く駅の近くは、家が多いなあ」など、自分の体験と絡めてつぶやく子もいる。これが社会科にとっては極めて重要である。帰ってから、地図にそれぞれ色毎に分けて塗ったのが左の地図である。色分けすることにより、市内の地形に気づかせるようにした。

資料2 ☆土地の様子もグーグルアースなら一目でわかる

移動中、1人の子が「篠山市は山に囲まれているなあ」と言った。「お盆みたいな形だから盆地って言うんですよ」と教えた。これもグーグルアースで見せると山に囲まれている様子が一目でわかる。

(川原雅樹)

第2章 単元別具体的な授業のコツと指示発問

2 わたし達の市の様子
(3) 交通の様子や建造物を調べよう

実際に行って体験すること

ポイント
前章と同様に、市内巡りで「交通の様子」や「建造物」を見学により体感させる。

授業の流れ

① ○○市をバスで1周しよう。（資料1）

ポイント　前項のバス見学に「交通の様子」「特色ある建造物」がわかる場所もコースに入れておく。

② 目についたものを全て箇条書きにしなさい。

ポイント　駅やバス停、建造物の場所で「目についた物」を全て箇条書きにし、それぞれの工夫に気づかせる。

③ お客さん（観光客）にたくさん来てもらう工夫を見つけなさい。

ポイント　バスの中で各場所について上記の様に問い、市の人の工夫に気づかせる。

④ 交通や建物も地図の中に入れて、ノート見開き2ページにまとめなさい。

ポイント　前項のまとめに交通や建物についても入れる。駅や線路、道路などは教師が大まかに入れてあげると良い。子供達は建物のイラストや説明等を入れることになる。

☆学年の終わりに学習したことを○○市観光パンフレットにまとめる。

| 資料1 | ☆ 交通と建造物。何を調べればいいの？ |

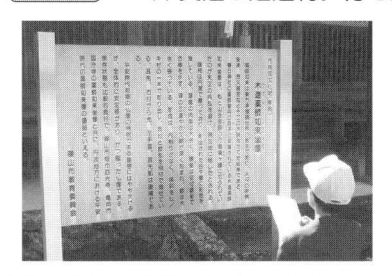

〈交通の様子〉
①利用している主な道路や鉄道
②身近な駅やバス停
③上記と近隣の市の結びつき及び土地利用との関連

〈古くからある建造物〉
①神社
②寺院
③伝統的な家屋
④門前町、城下町、宿場町

| 資料2 | ☆ 実際の見学コース（例：兵庫県篠山市） |

①商店街　　②神社
③陶器博物館
④お城
⑤高速道路パーキング
⑥道の駅　　⑦鉄道の駅
⑧市役所　　⑨物産館

☆市内の東西南北の要所を2時間30分かけてバスで見学した。

| 発展 | ☆ それぞれの場所でのメモ、事後指導 |

　それぞれの場所で「目についたものを全て箇条書き」にする。子供達は1日で100を超えるメモを書く。行った後、コースと場所をグーグルアースでたどっていくのも良い。

（川原雅樹）

第2章 単元別具体的な授業のコツと指示発問

> 2 わたし達の市の様子
> **(4) 図書館や公民館など、市の施設を調べよう**
> どこに行って何を調べるか

ポイント
市の公共施設や多くの人々が利用している場所の中から、見学に行ける魅力のある場所を選び、見学を中心にした学習をすすめる。

授業の流れ

①○○（公共施設）について知っていることを箇条書きにしなさい。

> ポイント　教師があらかじめ取り上げる公共施設を選んでおく。行ったことがある児童が多い施設が良い。写真を準備し掲示すると、更に多くの意見も出てくる。（**資料1**）

②おかしいものはありませんか。

> ポイント　その施設について曖昧な部分が討論になることが多い。答えは示さない。

③○○（公共施設）に見学に行きます。調べてみたいことを箇条書きにしなさい。

> ポイント　友達同士集まって書かせるのも良い。書かせたものを全員分集め、問題集にまとめる。

④答えを予想して書きなさい。わからない所はそのまま空けておきなさい。

> ポイント　次々予想させて見学への意欲を持たせる。

☆見学に行って上記でわからない問題はインタビュー等で調べさせる。

資料1 ☆ 公共施設、どこを調べればいいの？

指導要領例示では次のようになっている。
〈公共施設〉 ①市町村役場　②学校　③公園　④公民館　⑤図書館　⑥児童館　⑦体育館　⑧美術館、博物館、郷土資料館　⑨文化会館　⑩消防署　⑪警察署　⑫裁判所　⑬検察庁、駅、病院、福祉施設
〈市民が利用する施設〉　⑭デパート　⑮スーパーマーケット　⑯銀行
上記から教師が1つか2つ決めれば良い。

資料2 ☆ 活動の様子

左は知っていることを箇条書きにさせた板書。「3つ書けたら持っていらっしゃい」と次々書かせている所。前面黒板では足りず背面黒板にも書かせている。右は市役所見学の様子。事前にお願いしていたら、市長室にも案内して頂き、市長に質問までできた。

補足　はじめ、パンフレットや副読本等で公共施設を次々見せ「行ったことがある人？」等聞き、見学施設を選ぶと良い。

（川原雅樹）

第2章 単元別具体的な授業のコツと指示発問

---

3 お店ではたらく人
(1) スーパーマーケットの工夫を調べよう

お店の人の工夫を見つけよう

ポイント　①まず、イラストのあちらこちらまで見せる。(内部情報の蓄積)
②次に、「工夫」という視点から新たに考えさせる。(内部情報の整理)

授業の流れ

①イラストを見て、わかったこと、気づいたこと、思ったことを、できるだけたくさんノートに箇条書きしなさい。(資料1)

> ポイント　「3つ書いたら1年生、6つ書いて2年生……」と言うと、たくさん書こうという意識が強くなる。

②自分から立って発表しなさい。

> ポイント　全ての意見を出させることが大事である。

③値段が赤で書いてあるのはなぜですか。

> ポイント　「○○のように、赤で書いてある。」という文で書かせると理由がよくわかる。持って来させ板書させる。

④これらは全てお店の工夫です。他にもお店の工夫を探して箇条書きしなさい。(資料2)

> ポイント　「○○ように、○○している。」「○○のために、○○している。」という型でたくさん書かせ板書させ発表させる。

☆出尽くした後「おかしい意見はありませんか」と問う。お店の工夫についての討論となり、単元の目標にせまっていける。

| 資料1 | ☆ イラストからのノート留意点と意見例 |

①課題を赤鉛筆で囲む。

②数字を書いて箇条書きにする。(いくつ書けているか自分でぱっとわかる。)

③1行空けて書く。(書きやすい、見やすい。)

〈他の意見例〉

①いろいろなコーナーに分かれている。 ②お客さんがたくさんいる。 ③レジが4つある。 ④サービスカウンターがある。 ⑤店員さんが笑顔だ。……etc.

| 資料2 | ☆ お店の工夫を箇条書きにさせる |

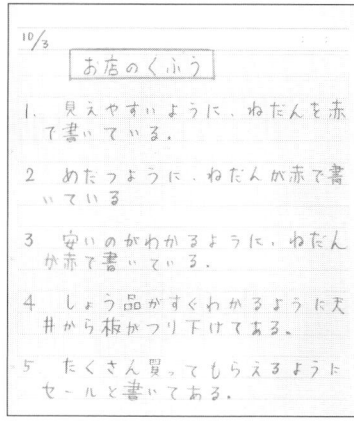

「〜ように、〜だ」と型を与えることで「原因と結果」をノートに書くことになる。お店の工夫を考えること自体が、本単元のねらいとなる。書けない子供達は、黒板を見てヒントにして書けば良い。

| 発展 | 「店員さんが笑顔なのは工夫でしょうか」等、上記で出た意見を取り上げ討論するのも盛り上がる。

(田口広治)

第2章 単元別具体的な授業のコツと指示発問

> 3 お店ではたらく人
> **(2) なぜそこへ買い物に行くの？**
> 消費者の買い物の工夫を見つけよう

ポイント
①どの店に行くのか、買い物調べをさせる。（内部情報の蓄積）
②なぜそこへ買い物に行くのかを考えさせる。（内部情報の整理）

授業の流れ

①これから１週間、買い物に行ったお店を表に記録しましょう。

> ポイント　通信などで家庭にも協力を呼びかける。毎日、「買い物調べをやった人？」と尋ねるようにする。

②買い物調べをして、気づいたことを発表しなさい。

> ポイント　自由に気づきを書かせ、発表させる

③調べた結果を表やグラフでまとめましょう。（資料１）

> ポイント　まずは、個人で書かせ、その後、学級全体で、その店に行った人数をグラフに表す。

④グラフを見て、わかったこと、気づいたこと、思ったことを発表しなさい。

> ポイント　ノートに書かせ自由に発表させる。（資料２）

⑤たくさんの人が行くお店の特徴は何ですか。

☆お店の特徴から消費者が何に気をつけて買い物に行っているかを知る。

資料1 ☆ 表とグラフ例

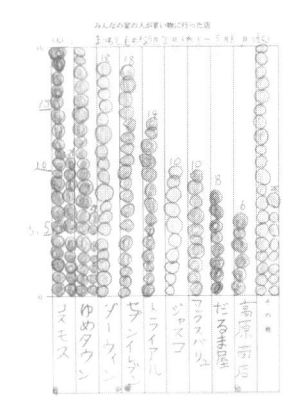

左表枠は一人一人に渡す。プライバシーの問題もあるので、事前に学級通信などで保護者にお願いしておくのが良い。1週間調べ、発表させ、クラス全体で右のグラフのようにまとめていく。

資料2 ☆ グラフからの気づきやお店の特徴の意見

〈グラフからの気づき〉
①大きい店に行っている人が多い
②近くの店に行っている人が多い
③安い店に行っている人が多い

〈よく行くお店の特徴〉
①大きなお店
②無人販売所のような新鮮さ
③駐車場が広いお店

発展 コンビニはどんな時に行きますか等の問いで、目的によってお店を選んでいることにも気づかせる。

(田口広治)

第2章 単元別具体的な授業のコツと指示発問

第2章 単元別具体的な授業のコツと指示発問

3 お店ではたらく人
(3) スーパーマーケットへ見学に行こう

見学からお店の工夫を見つけさせる授業のシステム

ポイント ①お店見学で、たっぷり「観察」させる。(内部情報の蓄積)
②教室での授業で、「お店の工夫」を考えさせる。(内部情報の整理)

授業の流れ

①目についたものをすべて記録しなさい。(見学場所)

> ポイント 子供の報告などを褒めたり、驚いたりする。多くの子は商品そのものを書いていることが多い。

②商品以外で目についたものも記録してごらん。

> ポイント 値札や自動ドア、買い物かご、レジなど店のものについての気づきをたくさん書くようになる。

③お店見学でたくさんのメモをしました。お店には様々な工夫があります。「○○するように、○○している。」「○○するために、○○している。」とできるだけたくさん文をつくりなさい。

> ポイント 時間をとり、ノートに書かせる。たくさん書けた子供に板書させ、次々発表させていく。(資料２)

④「商品がわかるように分けてある」「どこにあるかわかるように、看板がさげてある」は、「商品を見つけやすくする工夫」と言えます。他に、どんな工夫がありますか。

☆「○○の工夫」等発表させると、様々な発見があり知的な授業となる。

| 資料1 | ☆ 普段入れない場所へ見学に |

地域のスーパーへ見学に行くと、普段は入れない場所を見せてくれることがある。例えば、惣菜をつくる場所、従業員の休憩場所、精肉・生魚を切っている場所などである。子供達は興味津々となる。特に大型冷蔵庫や冷凍庫などに入れてもらうと、その大きさや職場の大変さ、工夫等もわかる。

| 資料2 | ☆ お店の工夫を箇条書き |

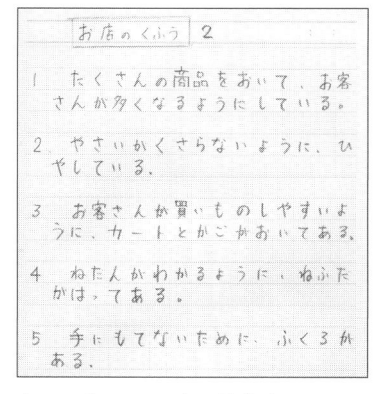

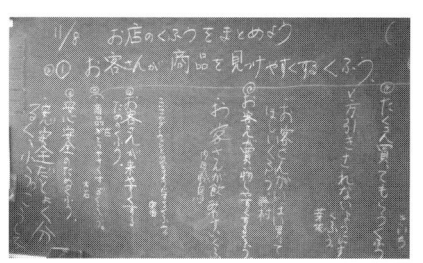

「〇〇ように、〇〇している」という書き方は原因（工夫）と結果である。原因と結果がわかることが社会科がわかることにつながる。次々発表するから工夫と結果がわかっていく。

| 発展 | お店の棚に何があるか予想してから行っても面白い。普段見ているようで見ていないことがわかる。

（田口広治）

第2章 単元別具体的な授業のコツと指示発問

3 お店ではたらく人
(4) 品物はどこから来るの？

国内外から品物が来ていることに気づかせる授業

ポイント　①お店見学で「産地」に気づく子供はほとんどいない。
②お店見学で教師が写真を撮っておき、それをもとに授業する。

授業の流れ

① (見学で行ったお店の産地と値札の写真を提示　資料1) 写真を見て気づくことはありませんか。

> ポイント　自由に発表させ、「熊本産」を引き出す。

② 「○○産」とは、どういう意味ですか。

> ポイント　数名あてる。難しい場合は教師が説明する。

③ 見学に行ったお店の品物は全部「熊本産」でしたね。

> ポイント　どんな産地が書いてあったか、見学で気づいていた子供に発表させる

④ 先生が写真を撮ってきました。(資料2)　どこから来ているかわかったら、手を挙げます。

> ポイント　場所を地図などで示すようにする。

⑤ 商品をあちこちから持ってくることで、どんないいことがあるのでしょうか。

☆意見は全て認め、いい物をできるだけ安くというお店の工夫を知らせる。

| 資料1 | ☆ 産地と値段の書いてある写真 |

どのスーパーでもあるだろう。できるだけ値段と産地が目立つように書いてある物を写真に撮ると良いだろう。その際、お店の人に許可を取ることも必要だ。教室で授業に使うと話せば多くの場合OKとなる。「値段が赤で書いてある」「品物には必ず値段がつけてある」「値段に8がついている」など、「値段」についての意見が多く出るだろう。「値段以外で何が書いてありますか」と言うと、「○○産と書いてある」と出てくるだろう。

| 資料2 | ☆ 様々な産地の写真 |

こちらもお店に許可を取ることが必要だ。できるだけ全国各地、様々な産地の写真がいいだろう。これらを写真で示すのもいいし、パワーポイントなどに貼り付けて次々映すと、全国各地から様々な商品が来ていることが理解できるだろう。写真は魚だが、野菜、肉など何でもいい。これらを日本地図に書いていけばもっと理解できるだろう。

| 発展 | 「商品の生産地を書いていいことは何でしょう」と聞き、トレーサビリティーの画面を出すと更に理解が深まる。

（田口広治）

第2章 単元別具体的な授業のコツと指示発問

3 お店ではたらく人
(5) 環境・人、そしてインターネット
これからの新しいお店の形の授業

ポイント
① 事前に家の人に「買い物で気をつけていること」についてインタビューさせておく。
② 「どんないいことがあるのですか」と発問し、様々な行為の意味を考えさせるようにする。

授業の流れ

① 家の人に聞いたことを発表しなさい。

> ポイント　発表の中からポイントとなるものをピックアップして、授業を進める。

② マイバッグを持っていくと、どんないいことがあるのですか。

> ポイント　意見が出にくい時は、隣同士で話し合わせて発表させる。(以下同様)

③ レジ袋をもらわないと、どんないいことがあるのですか。

> ポイント　「お母さんが○○と言っていた」等、インタビューからの意見が出たら大いに褒める。

④ 環境にいい買い物には他にどんなことがありますか。

☆「グリーンマーク」等の環境ラベル（資料1）を紹介する。最後に国産や外国産等にも触れ、食品の安心安全についても考える。

資料1　☆ 環境ラベル

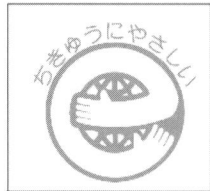

エコマーク	グリーンマーク	PETボトルリサイクル推奨マーク	牛乳パック再利用マーク
間伐材マーク	再生紙使用マーク	森林認証制度	エコリーフ環境ラベル

　環境ラベルとは、環境保全や環境負荷の低減に資する商品・サービスにつけられるマークのことである。上記は全て国及び第三者により定められた環境ラベルである。スーパーマーケットの各商品にも様々なマークがついているので、これらを調べることは環境教育ともつながる。

発展　☆ 安心・安全な商品とは……？

　左記展開で授業した後、次のテーマで作文を書かせる。

買い物で気をつけること

　インターネットショッピングやネットオークション等の話もすると良いだろう。直接お金を払わない、カードでの利用なので、つい買いすぎてしまうことなども話しておくことが重要である。

（田口広治）

第2章　単元別具体的な授業のコツと指示発問

第2章 単元別具体的な授業のコツと指示発問

4 農家の人の仕事
（1）わたし達の市や町でつくられている農作物を調べる授業

見学と質問で農家の仕事を理解する授業システム

ポイント
田畑やビニルハウスの中を見学させ、目についたものを全部書かせ、インタビューすることにより、農家の仕事を理解させる。

授業の流れ

① （見学前の教室で）
　ビニルハウスで聞きたいことを書きなさい。

> ポイント　写真等の資料を見せ、聞きたいこと、疑問に思うこと等を箇条書きにさせる。

② （見学時、一通り見た後で）○○（例：イチゴ）づくりの秘密を探して、目についたものを箇条書きにしなさい。

> ポイント　「秘密を探して」がポイント。この言葉で細かい所、ぱっと見てわからない所などを見るようになる。（資料２）

③ 聞きたいことはありませんか。

> ポイント　上記で温度計やホースなど様々なものを子供達は見つける。実際に聞くことによって農家の工夫がわかる。（発展）

④ 聞いたこと、わかったことをメモしていきなさい。

☆たくさん「もの」についての質問が出るだろう。これら一つ一つが農家の工夫であることを質問によって理解させる。

資料1 ☆ 最初に見学を行う

単元のはじめに「見学」をもってきた方が良い。

子供たちに農家の仕事についての情報を蓄積させるためである。

農作物をつくっている様子やビニルハウスの中などを、学級すべての子どもが見た状態にする。さらにインタビューなどを全体の場ですることにより、情報を全員のものにするのである。

資料2 ☆ 見学での子供の様子と発見したもの

実際に行ってみると、子供達の意識は「イチゴ」そのものに集中する。「いっぱいなっている」「おいしそう」などの声が出る。続いて、子供達の目は「虫」に行く。「はちが死んでいました」「かまきりがいた」などの声が聞かれる。その後「○○づくりの秘密」を見つけさせると一変する。「このホースみたいなものはどこに行っているのだろう」「鉄の棒があった」「黄色いものがぶら下げてある」「はちの巣箱があった」などの声が次々に聞かれる。また、「温度メーター」に目が行く子供や「電球」を数える子供もいる。「数」に注目したことを褒めると、様々なものを数えはじめる。

発展 ☆ 実際の質問の内容

Q：イチゴを育てる時、いつが大変ですか。　A：12月と3月、4月が大変です。
Q：どんなことに気をつけていますか。　A：病気にならないようにです。

（田口広治）

第2章 単元別具体的な授業のコツと指示発問

4 農家の人の仕事
(2) 見学から授業「農家の工夫」、そして更にインタビューへ

見学後、更に子供達が調べたくなる授業システム

ポイント
見学場所にあった不思議なもの、興味を持ちそうなものを写真に撮っておき、教室で授業することで、更に調べたくなる意欲を持たせる。

授業の流れ

① 見学メモを次々発表しなさい。

> ポイント　全員に言わせる。「3つ選んで発表しなさい」とすると自然に子供達は重要な意見を3つ選ぶ。

② 農家の仕事の工夫を「〜するように〜している」「〜するために〜している」のような文にして持っていらっしゃい。（資料1）

> ポイント　1つ書けたら板書させ、次々発表させる。書けない子へのヒントにもなる。

③ おかしいものはありませんか。

> ポイント　いくつか取り上げ、賛成か反対か聞くと討論になることが多い。結論を出さないと更に調べに行く。

④ （写真提示　資料2）何のためにあるのですか。

☆見学場所で教師が写真を撮っておき、次々見せる。一見何に使うのかわからないものだと必ず討論になるだろう。教師は答えを言わない。更に調べに行く子が出たら大いに褒めると、子供達はもっと調べるようになる。

| 資料1 | ☆農家の人（イチゴづくり）の工夫 |

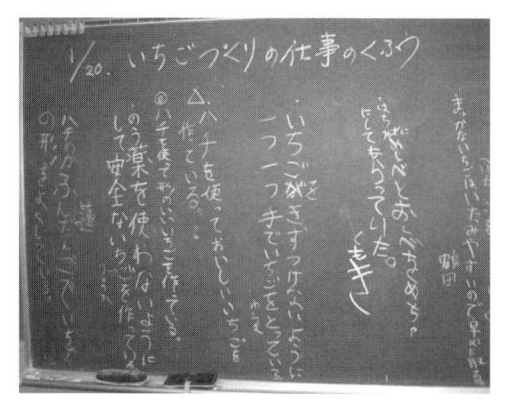

「～して、～になる」という文は前述したが、原因と結果を一文で表しているということである。自然環境と農作物との関係、農家の工夫と生産量との関係などが、この文でわかる。「ハチを使っておいしいイチゴをつくっている」等、子供から出た文はまさに農家の工夫となっている。

| 資料2 | ☆何に使っているものなの？ |

左はマルチ。子供達から「草が生えない様にするため」という意見が出る。しかし、それだけではない。「土が温かくなる」「土が乾燥しない様に」「できたイチゴに土がつかない」「虫がつきにくい」などの良さがある。右のラジカセ。「天気を聞くため」「音楽を聞くため」の2つに分かれた。「どうやったらわかる？」と言うと、「農家の人に聞いてみる」と子供達から声が出る。こうやって更に調べる子供達が出てくるのである。実際は「天気を聞くため」であった。

（田口広治）

第2章 単元別具体的な授業のコツと指示発問

4　農家の人の仕事
(3) 出荷・売り方、そして新しい農業へ
未来の農業を授業する

ポイント
近年、温度や日照時間などの生産管理を行う「植物工場」が増えている。「生育時期が揃う苗」の開発もある。未来の農業の授業を行う。

授業の流れ

①イチゴ農家の人達はイチゴのおいしさをわかってもらうため、どんな取り組みをしているでしょうか。

> ポイント 「イチゴ狩り体験」を出し、「体験」という新しい形の農業の宣伝方法にもふれる。（資料1）

②イチゴ狩りで一気にたくさんの人が来ると、困ったことが起こります。何でしょう。

> ポイント 意見が出にくい時は、隣同士で話し合わせ、発表させる。（以下同様）

③イチゴ狩りに1日700人来て、イチゴがなくなったことがありました。いつでもイチゴ狩りができるよう、どんな工夫をしたらいいですか。

> ポイント 予想である。どんな意見でも認めていく。

④工場のように野菜をつくっている所があると思いますか。

☆農林水産省・経済産業省編集「植物工場の事例集」から写真を紹介する。

（資料2）

資料1　☆ 長野県小諸市こもろ布引いちご園　倉本強さんの話

　長野県の倉本さんは、最初のイチゴ狩りでイチゴがなくなって、困ってしまいました。そこで、肥料や温度などを工夫して、イチゴがなる時期を調節できるように試しました。しかし、うまくいきませんでした。そこで苗ごとに、どんな条件で、いつ、どれだけつぼみをつけたかを1本1本コンピューターに記録していきました。10万本もの苗を調べた結果、苗の時にどういう環境で育ったかで、実のなり方が変わることを発見しました。そして、苗を畑に植え付けて60日でイチゴがなるという苗をつくりました。だから、イチゴ狩りにたくさんの人が来る60日前に、この苗を植えるといいのです。また、二酸化炭素の量もイチゴの成長に関係しているそうです。二酸化炭素の量を、センサーで調べて調整できるようにしているそうです。

資料2　☆ 農林水産省・経済産業省編集「植物工場の事例集」

上記キーワードで検索。または以下URL。

http://www.meti.go.jp/policy/local_economy/syokubutsukoujyou/syokubutsukojo_jireisyu.pdf

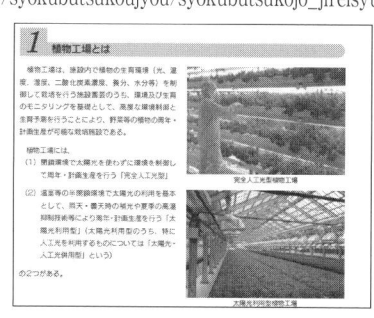

　無料でダウンロードできる。教師があらかじめ「植物工場」について知っておく必要がある。授業に使う写真なども豊富である。新しい農業の形を子供達に夢が持てるよう語りたい。

（田口広治）

第2章 単元別具体的な授業のコツと指示発問

5 工場ではたらく人の仕事
(1) 地域にある見学したくなる工場の見つけ方

魅力ある工場を見つけ見学しよう

ポイント　地域には必ず「全国シェア○％」等の工場がある。市役所等を活用して見つけることが大切である。

見つけ方のシステム　　　　　　　　　　　（以下は教師の教材研究方法）

①市役所に行って企業パンフレットをもらおう。

　ポイント　多くの市区町村では企業誘致をしている。市役所の産業課などに行くと会社紹介のパンフレットがもらえる。

②市役所（産業課等）の人に工場の話を聞こう。

　ポイント　パンフレットをもらう際、小学生に地域の工場を授業したいと言うと多くの場合、親切に教えて頂ける。（**資料1**）

③パンフレットで幾つか候補を見つけて、ホームページで会社を調べよう。

　ポイント　パンフレットで見学させたい工場を幾つか絞り、それぞれのインターネットを見てみる。商品、全国シェア、出荷先、はたらいている人の人数などを調べる。

④実際に工場に出かけ、見学のお願いをしてみよう。

☆多くの場合、地域の小学生が見学に来ることは喜ばれるはずだ。企業も社会貢献をする時代である。地域に愛される企業を目指している。また中小企業の社長さんの多くは熱く語る方も多く、子供達も喜ぶ。（**資料2**）

> 資料1　☆ これまでに見つけた工場

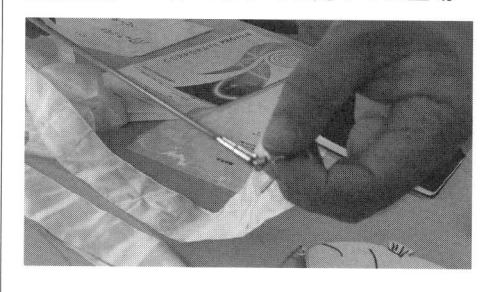

　　上記は、校区にあった「釣り金具」をつくっている工場の部品。輸出もしている。釣り糸が絡まない技術を用い、オリンピック新体操のリボンの金具をつくっている。オリンピックで使われているリボンの金具はほとんどこの工場でつくっているという。今まで「ペグシル（ゴルフに使う筆記用具）全国シェア８割」「外国に輸出している船のクラクション全国シェア６割」「消火器ケース全国シェア６割」等の工場が校区にあった。どれもパンフレットで探した工場だ。どの工場も喜んで見学を受け入れてくれた。

> 資料2　☆ 熱い工場長さん達

　　左は「資料1」の釣り具の工場長さん。実際に新体操のリボンの演技をして下さっている。何と従業員を集め、前日に見学のリハーサルまでして下さった。釣り竿とタオルまでおみやげにくれた。「この機械は3000万する」等、全部の機械を紹介しながら動かして下さった。右は消火器ケースをつくる工場の工場長さん。従業員は15名程度の工場。自ら全ての工場を案内して下さったり、いらない部品などを子供達にプレゼントして下さった。事前に下見に行くと、どの工場長さんも、まずは教師に熱く語ってくれた。地域の工場長さんは子供達にも話したい。子供から親へも伝わり、会社もまた大きくなる。

（川原雅樹）

第2章 単元別具体的な授業のコツと指示発問

5　工場ではたらく人の仕事
（2）工場見学メモスキルと授業システム
工場見学メモスキルと教師の対応

ポイント
目についたものを全て箇条書きにさせる。重要なのは教室で練習しておくこと、教師が驚くことである。

授業の流れ

① （教室で）「目についたもの」と書き、2行おきに番号を3まで打ちなさい。

> ポイント 「○○工場見学」（タイトル）と見学で気をつけることもあらかじめ書いておく。その後上記の指示。（資料1）

② 工場見学では目についたものを全て書きます。何でもいいのです。例えば、今教室では何が見えますか。

> ポイント　まずは教室で練習する。見たものを言うだけだ。次々指名すれば良い。

③ 例えば電気と書きます。このように見えたものを全て書いていきなさい。

> ポイント　これで子供達は書き方がわかる。方法がわかったので安心して見学でメモできる。

④ （見学場所で）もう書いた人？　すごい!!（資料2）

☆見学場所について上記の指示を出す。書いていない子も書き始める。「先生もう○個書いた」と子供が言ったら「すごい!!」と驚くと、更に書く。

| 資料1 | ☆ あらかじめメモ欄を書く |

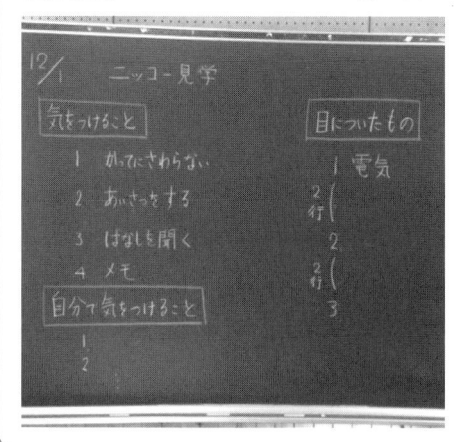

板書は左の様になる。気をつけることは、当たり前のことばかりだが、最初に指導しておくとよい。全体で気をつけること、自分で気をつけることを分け、自分の所は自分で箇条書きにさせると時間調整もできる。目についたものは最初の電気等、1つだけ書いて書き方を理解させておけば良い。

| 資料2 | ☆ いつでもメモさせる |

工場に入った瞬間に「もうメモした人？」と聞くと、すぐ子供達は書き始める。鉛筆1本、ノート、下敷き、消しゴムだけを持って行かせる。筆箱は邪魔になる。まわりの子供達が次々書くので、全員が「書かないと」という雰囲気にもなる。工場の方達も驚く。もちろん危険な場所などでは書かせない配慮も必要である。

| 発展 |

「○○について知っていること」で、意見が違った所を討論しておくと、質問も見学場所で出やすい。

(川原雅樹)

第2章 単元別具体的な授業のコツと指示発問

5 工場ではたらく人の仕事
(3) 見学からKJ法、そして工場の工夫へ

工場見学メモスキルと教師の対応

ポイント
見学メモから工場の工夫、それをKJ法でグループで整理し、一番すごい工夫を選ぶことで、単元の目標により迫ることができる。

授業の流れ

①工場でメモしたものは、なぜそこにあったのかノートに→をして赤鉛筆で書き入れなさい。

> ポイント　思いつかないものは次々とばして、どんどん書かせる。友達と相談したり見合いながら次々書かせる。(資料1)

②電気など、工場にはたくさんの工夫がありました。ノートに工場の工夫をできるだけたくさん箇条書きにしなさい。

> ポイント　目についたものから「工場の工夫」へと視点を与える。メモと同じもので構わない。視点を与えるのがねらい。

③書いた工夫からすごい工夫を3つ選んで、カード(TOSSメモ)に書きなさい。(資料1)

> ポイント　「〜はすごい。それは〜だからです」と書かせ、余った所に絵を書かせる。上記②でカードを配っておく。

④グループでKJ法をして、一番すごい工夫を選んで黒板に書きに来なさい。(資料2)

☆それぞれ発表して「反対意見」を聞くと自然と討論になる。

| 資料1 | ☆ なぜそこにあるのかのノートとカードの実際 |

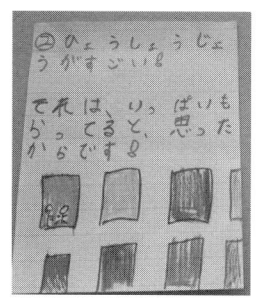

上左はノート例。最初にフォーマットを与えているから後でスムーズに書ける。右はカード例。TOSSメモ（注文先：東京教育技術研究所）。罫線が入っている、特殊なのりで何度も貼り替えができる等の特徴。付箋よりも美しく書くこともできる。（http://www.tiotoss.jp/）

| 資料2 | ☆ KJ法の実際と板書 |

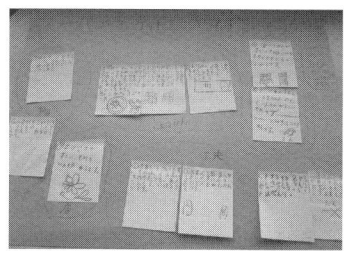

「似ているカードを集めてタイトルをつけなさい」で3年生でも簡単にKJ法ができる。上の板書は「スーパー」と「工場」のすごい工夫の例である。

（川原雅樹）

第3章 活動中心！知的に楽しい中学年社会科授業のコツ

1 かわってきた人々のくらし
(1) これなあに？ 昔の道具調べ

今の道具と昔の道具の比較

ポイント　昔の道具の実物を手に入れることが重要。学校の資料室等に保管してあるはずだ。なければ、家庭の協力を得て集めることを考える。

授業の流れ

① （ゆたんぽを提示）これは何でしょう。

> ポイント　昔の道具は、クイズのように何かを予想させると盛り上がる。実際に持たせたりすれば良い。（資料1）

② ゆたんぽは、どの様にして使ったと思いますか。ノートに簡単な図を書いて使い方を説明しなさい。（資料1）

> ポイント　子供達が描いた図を黒板に描かせて発表させる。できるだけ多くの子供達に描かせると良い。

③ 電気あんかとゆたんぽでは、どちらが便利ですか。ノートに書きなさい。

> ポイント　子供達に発表させ、教師が黒板に箇条書きで整理しながら板書していく。「せんたく板」「こて（アイロン）」などについても同じ様に進める。（資料2）

④ 家にある古い道具を調べよう。

☆調べたことを書く欄を四角で囲んであらかじめノートに書いておく。家の人の許可が得られたら学校に持ってきてほしいことも伝える。

資料1 ☆ 実物のゆたんぽ

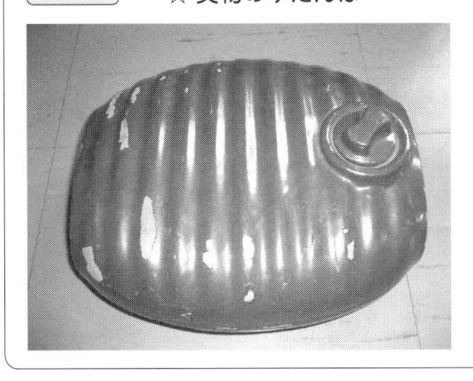

中にお湯を入れて、布団の中に入れ、足下においで使った。やけどをしない様にタオルなどを上から巻いていた。

明け方になると冷えて使えなくなってしまうことが多かった。おじいさん、おばあさんの家などにはまだ置いてある可能性がある。

資料2 ☆ 昔の道具と今の道具の比較

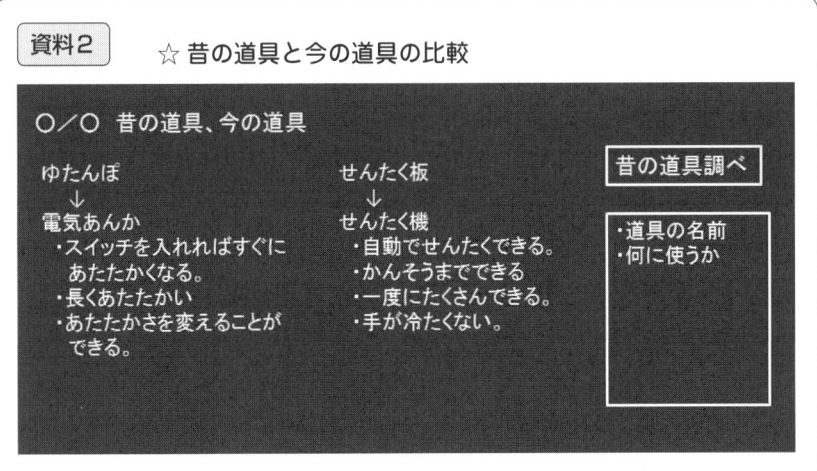

```
○／○  昔の道具、今の道具

ゆたんぽ           せんたく板
 ↓                 ↓
電気あんか         せんたく機
・スイッチを入れればすぐに    ・自動でせんたくできる。
 あたたかくなる。            ・かんそうまでできる
・長くあたたかい              ・一度にたくさんできる。
・あたたかさを変えることが    ・手が冷たくない。
 できる。

                   昔の道具調べ
                   ・道具の名前
                   ・何に使うか
```

道具別に「昔の道具→今の道具」で比較させる。左はノートの見本。

発展

できれば博物館などに見学に連れて行くと良い。最近では、昭和を再現している博物館も多い。中学年は活動を通して学ぶ学年である。見学や調査を取り入れると楽しい学習となる。実物を見ることは一番の学習となる。

（吉田高志）

第3章 活動中心！知的に楽しい中学年社会科授業のコツ

1　かわってきた人々のくらし
（2）昔のくらしを実感させる授業スキル
まずは見学から始めよう

ポイント　①まずは博物館等の見学を考え直接体験を重視させる。（資料1）
　　　　　②見学が難しい場合は、イラストや写真等、間接体験を行う。

授業の流れ

①昔のくらしのイラストを見て、わかったこと、気づいたこと、思ったことをノートに書きなさい。

> ポイント　教科書にあるイラストを活用する。自由に発表させ、今のくらしとの違い「衣食住、その他」に分けて板書していく。昔のくらしについておおまかなイメージを持たせる。（**発展**）

②道具を見つけて、何に使ったのかを考えなさい。

> ポイント　前時間の学習のおさらい。時間があれば「現在の家にあって昔の家にないもの」探しをさせると良い。

③家族の中で一番えらいのは誰ですか。（資料2）

> ポイント　見えるものから、見えないものへと読み取らせていく。いろり（資料2）の席について、話をする。

④昔のくらしについてお家の人に聞いてきなさい。（発展）

☆①晩ご飯のメニュー、②お手伝い、③遊びなどについて、聞いてくるように指示する。調べてきたことを書く欄をノートにつくっておく。

資料1 ☆ 古民家園について

　左は、福井県の市営の古民家園。予約をしておくと、解説をしてくれるボランティアがついてくれる。

　いろりを使って、火おこし体験等の様々な体験を行っている。

　こうした施設は各地にあるだろう。市役所などに聞けば良い。これらの施設を有効に活用し、昔のことを直接体験すると良い。

資料2 ☆ 昔のくらし

	横座	
客座	いろり	かか座

　昔、家族の中で一番偉いのは、おじいちゃんである。いろりのまわりの席は地方によって違いがあるが左のように決められていた。横座が、戸主の席で、客座は、客がいない場合に長男の席、かか座が、女や子供の席とされていた。横座については、戸主以外は絶対に座れないことになっていた。

発展 ☆ 昔のくらし　イラストから

```
○/○　昔のくらし
イラストを見て分かったこと        おじいちゃん、おばあちゃんに
                                  聞いてくること
衣           住
・着物        ・土間              ・晩ご飯のメニュー
・もんぺ      ・むしろ            ・お手伝い
                                  ・遊び
食           その他
・井戸水      ・手伝い
・かまど      ・にわとり
・いろり      ・馬
・石うす      ・電気がない
```

　イラストを見てわかったことは、意見によって「衣食住」に分類して板書するとわかりやすい。右が調べたことを書く欄。

（吉田高志）

第**3**章 活動中心！知的に楽しい中学年社会科授業のコツ

1　かわってきた人々のくらし
(3) 地域に残る伝統的なお祭りや行事の授業システム

お祭りには意味があったんだ!!　地域のお祭りを授業する

ポイント　①子供達が参加したお祭りに関する情報を集める。
　　　　②宮司さんやお年寄りからお祭りや行事のことについて聞き取る会を開く。

授業の流れ

①どんなお祭りに行ったことがありますか。

> ポイント　テンポ良く発表する。お祭りの内容や楽しかったことを発表させると面白い。

②参加したお祭りについて知っていることをノートに箇条書きにしなさい。(資料1)

> ポイント　「おみこしをかついだことがある」「出店でお菓子を買った」などで良い。できるだけたくさん書かせる。お祭りの由来などは、家で調べてくるようにする。

③お父さん、お母さん、おじいちゃん、おばあちゃんにお祭りのことを聞いてきなさい。

> ポイント　子供の頃のお祭りの様子について聞いてこさせる。あらかじめ書く欄をつくっておく。(**資料2**)

④宮司さんや公民館長さんに質問をしよう。

| 資料1 | ☆ 地域のお祭り例　だんごまき（福井） |

　福井市上細江町の粟嶋神社で行われている神事。400年以上前から行われている。疫病がはやり村長が神社に祈願したところ、疫病が治まったという故事にもとづく。神様へのお礼として団子をまく。地区の子供達のほとんどが毎年参加している。

| 資料2 | ☆ お祭りで知っていることと調べる欄 |

○／○　地区のお祭り

だんごまき

2月

あわしま神社

だんごやもちをまく

おかしもまく

大きなだんごの取り合いをする

調べてくること

・いつごろからはじまったのか
・なぜだんごをまくのか
・昔のだんごまきのようす

| 発展 |

　地区の宝として資料や絵地図などが、地区の公民館に保管されていることが多い。これらを見ながら実際に見学して地図などにまとめる活動をすると良い。

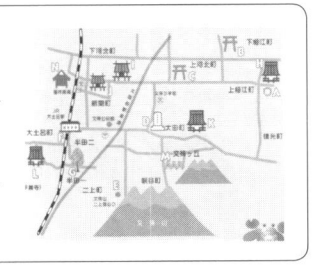

（吉田高志）

第3章 活動中心！知的に楽しい中学年社会科授業のコツ

2 わたし達の町を紹介しよう
（1）市の観光パンフレットを作成しよう
作品づくりと発表までのシステム

ポイント　次の流れで授業を進める。①インターネットで調べ学習を行う。②各自、1ページにまとめる。③冊子にまとめ、それをもとに発表会を行う。

授業の流れ

①1人で1つ、市の「宝」を調べます。インターネットで必要なページを探しなさい。

> ポイント　あらかじめ幾つかのホームページを見せておく。その後、グーグルで検索させ、必要なページを見つけさせた。

②調べたことをノート1ページにまとめてもらいます。

> ポイント　調べた内容（本文）、写真（教師がプリントアウトしたもの）、場所を表す地図（教師が白地図を準備した）の3つから構成することを告げる。（資料1）

③ノートにレイアウトを書きなさい。合格したら清書します。

> ポイント　「合格」「不合格」で評定する。合格したらB5サイズの用紙（枠だけを印刷したもの）に清書する。

④写真や地図を先に貼ります。その後、本文です。書けたら持っていらっしゃい。

☆この後、合格したら色鉛筆で塗らせ完成（資料1）。表紙・目次をつけさせガイドブックにする（資料2）。1人ずつ画面に映しながら冊子を読ませ発表させる。完成版は図書室などに置いてもらう。クラスで1冊の観光ガイドブックができ上がる。

資料1　☆内容ページ完成版

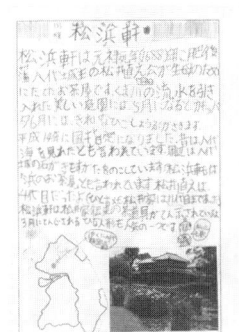

子供達はシーンと作業に熱中する。本文の量が多い子供は、地図を必要な部分のみを示すように小さく切って貼らせる。できた子供は持って来させ、文字や文章をチェックしてやる。合格したら色鉛筆で色を塗らせる。あまり塗りすぎないようにすると良い。

資料2　☆クラスに１つガイドブック完成版

全員分集めて、左のような表紙や目次もつけて「ガイドブック」とする。完成版を、図書室に置いてもらい、他の学年・学級の子供達にも見てもらい感想などをもらう。

発展

　ガイドブックは町の観光地等に置いてもらっても良い。小学生のガイドブックは大変喜ばれる。

（田口広治）

第3章 活動中心！知的に楽しい中学年社会科授業のコツ

2 わたし達の町を紹介しよう
(2) わたしの町の観光PR動画をつくろう

町の紹介ビデオ作成スキル

ポイント　見本を見せ、シートをつくり、起承転結でビデオを作成する。

授業の流れ

①子ども観光・まちづくりPR映像大賞の動画を見せる。（資料1）

> ポイント　http://www.satoiku.jp/pr/sakuhin/index.html
> 2014年度の松阪市の動画が面白い。

②紹介したい町の名物を箇条書きにしましょう。

> ポイント　いきなりは難しい。役場から観光パンフレットなどをもらい、見せながら書かせる。

③紹介したいものを3つ選びましょう。

> ポイント　発表させ板書していく。最終的に1つに絞り場所毎の作成グループをつくっていく。

④シートに起承転結を書き込もう。

> ポイント　起承転結で絵と文を書かせるシートをつくり、ビデオのコマ割りと紹介する言葉を書かせる。

⑤町の紹介ビデオを作成しよう

☆教師が準備した動画や写真、子供が撮った写真に音声だけ入れても良い。

（資料2）

資料1 ☆ 子ども観光・まちづくりPR映像大賞

　左記ホームページではこれまでの受賞PR動画を全て視聴できる。今回は2014年度松阪市のPRを見せたが、教師があらかじめ見ておき、クラスの実態に合った動画を見せれば良い。盛り上がること間違いなく、僕らもつくろうという意欲も高まる。

資料2 ☆ 実際につくった子供達のビデオ

http://www.youtube.com/watch?v=a7zzhJEGHPU

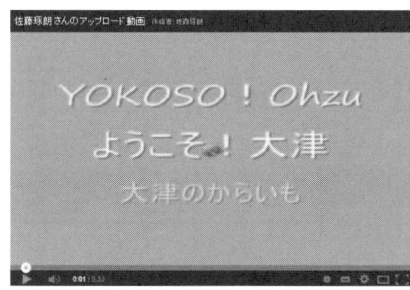

【あつかった町の名物】①不知火光右衛門②国道57号線③熊本のお菓子④桜ロード・昭和園⑤上井手と下井手⑥オークス広場⑦とれたて市場⑧からいも⑨じぞう祭り⑩じぞう祭り⑪スポーツの森

（佐藤琢朗）

第3章　活動中心！知的に楽しい中学年社会科授業のコツ

3　災害や事故事件からくらしを守る
（1）イラストや写真から工夫や連携を見つける
写真読み取りからの授業スキル

> ポイント　教科書や資料集には、大判の写真や絵が掲載され、学習内容がうまく盛り込まれている。それを読み取らせながら、教科書の記述と対応させていくと安定した授業となる。

授業の流れ

①絵を見て、わかったこと、気づいたこと、思ったことを箇条書きしなさい。（資料1）

> ポイント　教科書の火災現場の写真を見せる。まずは、できるだけ広く問うて、多くの意見を出させる。いくつ書けたか途中で確認する。

②火を消すことに関係しているのは、どの人ですか。

> ポイント　消防士は当然出されるが、警察やガス会社の人達を指摘する子供もいる。

③おまわりさんは、火を消すことに関係するのですか。関係しないのですか。（資料2）

> ポイント　同じように、おまわりさんだけでなく、ガス会社の人など、消防士さん以外の人を指摘させる。

④火事の連絡を受けて、いろいろな人達に連絡を入れているのは誰ですか。

☆通信指令室の記述が教科書にはある。そこを指摘させ、音読させる。最後にわかったことを書かせ終了する。

| 資料1 | ☆ 写真読み取りの子供の意見 |

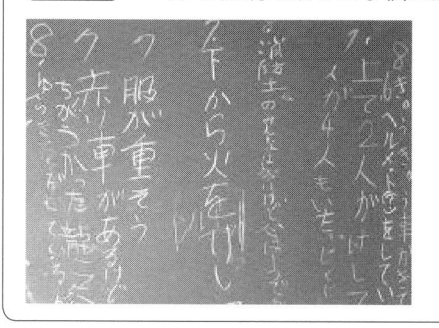

　　ノートに箇条書きさせ、その数を聞く。そうした活動が上手くいかない状況があるならば、教師が見つけたものを探させる活動でも良いだろう。例えば、「おまわりさんは、何人いますか」のように具体的にたずね、絵を読み取らせていく。

| 資料2 | ☆ おまわりさんは火を消すことに関係するか |

　　「関係すると思う人は、ノートに○。関係しないと思う人はノートに×と書きなさい」と問い、全員に判断を迫る。同じように、おまわりさんだけでなく、ガス会社の人など、消防士さん以外の人を指摘させ、関係している理由を述べさせていく。教科書の文章から理由を出してくる子供もいるだろう。例えば、「火事の時は、消防署だけでなく、警察署、役所、病院、電気会社、ガス会社、水道局等の関係するところが、早く、安全に消火や救助ができるように協力しています」等、教科書の記述を指摘する子も出てくる。具体的に証拠を資料から示した場合、大きく褒めることも重要だろう。

| 発展 | ☆ 交通事故を防ぐ取り組み |

　　事故の写真を見せる授業もある。一方で、安全に通行できている道路の写真を見せ、「事故を起こさないための工夫」を探させることも可能である（いくらでも自分で撮影できる）。「事故を起こさない工夫を探しなさい」と発問する。信号、横断歩道、ガードレール各種標識など様々なものが指摘される。

　　　　　　　　　　　　　　　　　　　　　　　　（高岡宣喜）

第3章 活動中心！知的に楽しい中学年社会科授業のコツ

3 災害や事故事件からくらしを守る
(2) 消防署見学やインタビューから工夫や連携を見つける
見学・インタビューからの授業システム

ポイント　見学の際には、「目についたことを全部メモしなさい」と指示するのが原則。たくさん箇条書きさせ、その中から、消防署の工夫を見つけさせる発問をする。

授業の流れ

① (見学前、学校で) 学校で火事になったとします。どのくらいで、消防車は到着すると思いますか。

　　ポイント　見学に先立ち、「知りたい」という気持ちを高めておくことが大切。そのため、教師から問題をたくさん出し予想させておく。(資料１)

② (見学時) 目についたことを全部メモしましょう。

　　ポイント　ノートに目についたことを箇条書きさせる。途中数を聞き、教師が驚いて褒めることが重要。

③ (見学後、学校で) 素早く火事を消す工夫だと思うことに、○印をつけなさい。ちょっと自信がないなあと思うものに、△印をつけなさい。

　　ポイント　ノートに箇条書きさせたことを整理させる。書き終わったらグループで検討する。

④ 消防署の工夫について、ノートにまとめましょう。(資料２)

資料1　☆ 見学に興味を持たせる発問例

①学校が火事になった時、水は消防署から持ってくるのですか。
②火事の無い時、消防署の人たちは遊んでいるのですか。
③消防署は、○○市に1つだけですか。もっとあるのですか。
④去年1年間に火事を消すために何回出動したでしょう。
⑤火事を見つけ消防署に連絡すると、何かご褒美があると思いますか。

　意見を出させ、話し合わせる。結論は出さないままにしておくと、見学で調べようという意欲が持てる。

資料2　☆ ノートまとめのフォーマット

　フォーマットを与えノートに書かせる。自由にさせると、たくさん書ける子、全く書けない子の差が大きくなってしまう。以下のような書き方を教える。

　消防署見学をしました。火事をすばやく消す工夫がたくさんありました。もっとも大切だと思うことを3つ紹介します。1つ目は○○です。それは～からです。2つ目は○○です。～からです。3つ目は○○です。～からです。私は、消防署見学をして、○○だと思いました。

　最後にレポート集として印刷し、とじてあげると良い。

（高岡宣喜）

第3章 活動中心！知的に楽しい中学年社会科授業のコツ

3 災害や事故事件からくらしを守る
（3）警察署見学やインタビューから工夫や連携を見つける
見学・インタビューを中心にした授業システム

ポイント　あらかじめ教室で「知っていること」を書かせる。意見の違いから「調べてみたい」課題を出させ、見学で解決させる。

授業の流れ

①（見学前、学校で）警察のお仕事で知っていることを思いつくだけ箇条書きにしなさい。

　　ポイント　3つ書けたら持ってこさせ、板書させる。（資料1）

②おかしいものはありませんか。

　　ポイント　これだけで討論になることもある。出なければ教師が1つ意見を選び賛成反対を問う。

③調べたいことを箇条書きにしなさい。

　　ポイント　1人で書いた後、友達と一緒に書くと、更に調べたいことも増え、簡単な討論にもなる。

④どうやって調べたらいいですか。

　　ポイント　見学することを告げ、インタビューの練習をする。（資料2）

⑤警察に見学に行こう。（見学）

☆その後、見学・インタビューしたことをノート見開き2ページにまとめる。

| 資料1 | ☆ 子供の意見を板書させる実例 |

　上の写真は、火災現場の写真から「わかったこと、気づいたこと、思ったこと」を箇条書きにし、子供達が板書したもの。子供の意見をびっしり書かせることが重要である。警察の仕事を聞くと、例えば「パトロールする」「落とし物を預かる」など、様々な意見が出るだろう。これを次々板書させ、おかしいものがないか議論し、実際に警察で調べてみようという流れになる。

| 資料1 | ☆ 教室でのインタビューの練習方法 |

1．まずは、調べたいことを箇条書きにする。
2．実際にインタビューするように教師のところに言いに来る。

　1は、最初1人で書かせ、更に友達と一緒に書き足させる。たくさん書ければ書けるほどいい。全員分を集めてプリントにしても良いだろう。これを全て予想させる。子供達は実際に見学に行った時、予想が合っているかどうか興味を持って見学する。2は教師の所に言いに来させ、合格不合格を言う。「何を聞いているのかわかりません」「丁寧に言いなさい」等、インタビューの仕方を具体的に教えることができる。

（川原雅樹）

第3章 活動中心！知的に楽しい中学年社会科授業のコツ

> 3 災害や事故事件からくらしを守る
> ## （4）地域の消防団の人に聞いてみよう
> 地域を守っている人々をゲストティーチャーに招く

ポイント　クラスの保護者が消防団に所属している人がいたら一番いい。ゲストティーチャーとして消防団の人を招き教えてもらう。

授業の流れ

①火事の時は、消防士さんだけに任せておけばいいのですね。

　　ポイント　いきなり聞く。○×で挙手させても良い。

②火事の時、消防士さん以外に仕事をする人を箇条書きにしなさい。

　　ポイント　警察官、救急救命士、ガス会社の人等が出る。

③火事の時に鳴る○○地区にあるサイレンです。なぜ消防署だけでなく、地域の人々にサイレンで知らせる必要があるのですか。（資料1）

　　ポイント　「逃げるため」等が多いだろう。「地域の人が手伝う」「消防団」などが出なかったら教師から出す。

④消防団と消防士さんの違いは何ですか。

　　ポイント　給料をもらっているかどうか等出る。

⑤消防団の人に話を聞こう。（ゲストティーチャーで呼ぶ）（資料2）（発展）

| 資料1 | ☆ 地域にある消防サイレンと法律 |

　　多くの地域では、火災や災害が発生し、消防団の出動が必要な場合は、消防署と消防分団詰所に設置しているサイレンが鳴る。これは団員に招集を知らせる大切な合図で、消防法で定められている。また、消防組織法では「市町村はその範囲内の消防を十分に果たす責任がある」とされ「消防本部、消防署、消防団のいずれかを設置しなければならない」と規定されている。「サイレンが鳴ると、うちのお父さんは消防団に出かける」等と言う子がクラスにいるかもしれない。

| 資料2 | ☆ インタビューを考えさせよう |

> お父さんが消防団に入っている人？

と聞くと、クラスに数人いるかもしれない。仕事の内容も聞いてみると、消火活動、火の用心、パトロール等が出るだろう。

「消防団の人に聞いてみたいことを箇条書きにしなさい」とノートに書かせる。実際に教室に消防団の方に来てもらうと良いだろう。質問は全員分まとめてプリントにして、あらかじめ渡しておくと良いだろう。

| 発展 |

　学校の火災の避難訓練に地域の消防団の人に来てもらったことがある。実際に消火活動等を見せてもらった。「○○さんのお父さんだ」と、地域全体で協力して災害から守っていることに気がつくであろう。

(川原雅樹)

第3章 活動中心！知的に楽しい中学年社会科授業のコツ

4 わたし達の飲料水はどこから来ているの

（1）1日どれくらい水を使うの？

生活と水の使用量の関係に気づかせ調べさせる授業のシステム

ポイント　生活の中で水を使う場面を挙げさせ、水の使用量を「ペットボトル何本分」と換算させるとイメージしやすい。

授業の流れ

①朝起きてから寝るまで、どんな時に水を使いますか。

> ポイント　ノートに箇条書きさせ、発表させていく。「顔を洗う」「お風呂」または「学校のプール」等もある。（**資料1**）

②あなたの家では、1日で、水をどれくらい使っていますか。このペットボトル何本分でしょう。

> ポイント　2Lのペットボトルで計算させると、イメージしやすい。

③家で一番水を使っているのは、何でしょうか。

> ポイント　平均ペットボトル120本程度である。これを知った上で、再度1日の水の使用量を予想させる。

④家で水道料金の使用量を調べてきなさい。

> ポイント　事前に学級通信などで知らせておく。ノートに答えを書く欄、貼る欄をつくっておく。（**資料2**）

⑤ペットボトル何本分かに直しなさい。

☆料金表を持って来られない子もいるので、全体で1人の水道料金を取り上げてもいいだろう。

資料1　☆ 朝起きてから寝るまで、どんな時に水を使うか

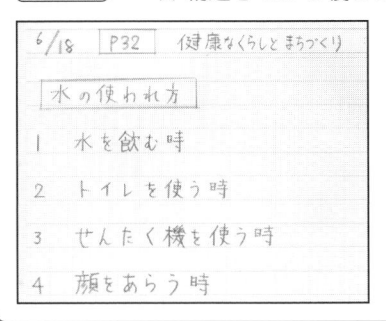

> 6/18　P32　健康なくらしとまちづくり
> 水の使われ方
> 1　水を飲む時
> 2　トイレを使う時
> 3　せんたく機を使う時
> 4　顔をあらう時

　最初の5分ほどは1人で書かせる。更に友達と一緒に書かせると良いだろう。「朝起きてから寝るまで」と聞くのがポイントである。これで生活を振り返りながらイメージしやすくなる。要するに「私たちは水を使う機会が1日にたくさんあるのだ」ということに気がつけば良い。

資料2　☆ 水の使用量　資料を貼る欄

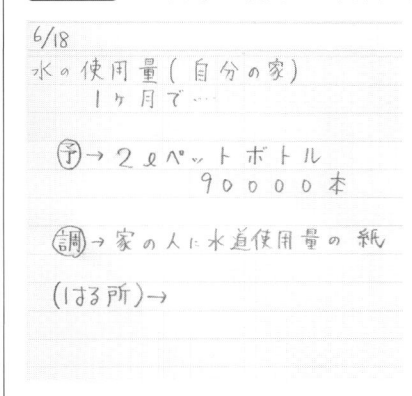

> 6/18
> 水の使用量（自分の家）
> 　　1ヶ月で…
> ㋜→2ℓペットボトル
> 　　　　90000本
> ㋠→家の人に水道使用量の紙
> （はる所）→

　ノート1ページにまとめさせる。予想、調べ方を書かせ、水道料金の紙を貼る欄をつくっておく。下の方にペットボトル何本分か計算をするスペースと答えを書く欄をつくる。ノートに調べる欄をつくっているから、家で調べてくる子の割合も高くなる。ただし、プライバシーのこと等で、水道料金の紙を必ず貼るようにはできない。そんな子には教師の家のコピーをあげれば良い。

発展

　教師の家の水道使用料金の用紙が見つからない場合もあるだろう。学校の水道料金の用紙なら、必ず事務の方が保存している。そこから学校の水の使用量、金額、1か月でプール何杯分使うのか調べるのも面白い。

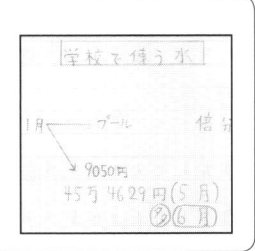

> 学校で使う水
> 1月　プール　借分
> 　　　↓
> 　　9050円
> 45万4629円（5月）
> ㋐6月

（田口広治）

第3章　活動中心！知的に楽しい中学年社会科授業のコツ

4　わたし達の飲料水はどこから来ているの
（２）水道の先はどうなっているの？

水の旅をたどる授業

> ポイント　水道の蛇口から浄水場まで目に見えないところをさかのぼらせる。ポイントとなる場所を箇条書きで予想させ、調べさせる。

授業の流れ

①水道の蛇口があります。ひねると水が出ます。その水をさかのぼると５ｍ先はどこを流れていますか。

> ポイント　水道管と出るだろう。「じゃあ１０ｍ先は？」「２０ｍ先は？」とテンポ良く聞いていく。

②更にさかのぼると、最後はどこにいきますか。順番にさかのぼって予想を箇条書きで書きなさい。

> ポイント　①じゃぐち②水道管③タンク④水道管……等と出るだろう。できた子から板書させ検討する。実際にずっとたどってある程度見に行くと面白い。（資料１）

③教科書（副読本）で調べてみましょう。

> ポイント　「水の旅」のページで、学校に指をおかせ、ずっと指でさかのぼらせていく。浄水場、川までいく。（資料２）

④浄水場とは何をする所なのですか。

> ポイント　答えは言わず、見学に行くことを告げる

⑤浄水場に見学に行って調べてみましょう。

| 資料1 | ☆ 実際にたどっていく |

外の水道の水道管を実際に校外までたどっていく。途中で地中に入ったりでわからなくなる所までいくといい。

| 資料2 | ☆ 副読本などでたどっていく |

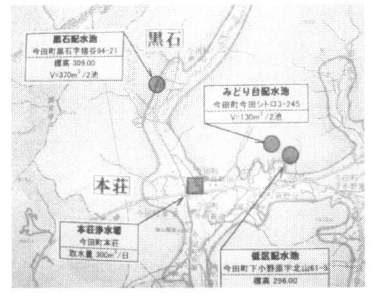

「学校からさかのぼります」「何という浄水場にたどりつきますか」「何というダムにたどりつきますか」「どこの川にたどりつきますか」と指示していく。副読本に載っていない場合は、浄水場等に資料をもらっておく。自分の学校の水がどこからきているか教師自身が確定させておくことが重要である。水源地が確定したら、逆に水源地から学校までたどらせる。

(川原雅樹)

第3章 活動中心！知的に楽しい中学年社会科授業のコツ

4 わたし達の飲料水はどこから来ているの
（3）浄水場見学のスキルと授業システム

目についたことをメモにする

ポイント　現地での見学で「観察」させ、たくさんメモさせる。教室の授業でメモから「工夫」を考えさせる。

授業の流れ

① （見学場所で）目についたものをすべてメモしなさい。

> ポイント　以前の4年生は100個書いた人がいました……等言うと目標にもなる。箇条書きさせる。（資料1）

② （見学後教室で）プールみたいな所がたくさんあるのは、どうしてですか。

> ポイント　難しい場合は相談させる。泥を沈めるため等、見学で聞いたことが出るだろう。

③ 初めは汚れていた水を飲めるようにするために、幾つの工夫をしているのでしょうか。

> ポイント　このように聞くと、水をきれいにする工夫や浄水場の仕事を具体的に考えることになる。「泥を沈める」「塩素を入れる」等見学の内容が出るだろう。（資料2）

④ 本当にきれいになるのか、実験してみましょう。

☆ペットボトルなどに汚れた水を入れておき、そのままにしておく。すると、汚れが下にたまり、透明な水になる。これを、ろ紙（コーヒーフィルターでも良い）でこす。すると、さらにきれいになる。実験によって、浄水場の役割がよく理解できる。

| 資料1 | ☆ メモ100個を超えさせる工夫 |

すぐにメモを始める子供がいる。「プールみたいな所がたくさんある」「柵がある」「水が緑色」等である。教師は「もう書いている」「すごい気づきだ」「もう6つだ」と驚く。その子はもちろん、まわりの子も更に書こうとする。事前に「○つ書いたら、先生に見せに来なさい」としておく。見せに来たら、丸をつける。教室での授業と同じである。しおり等ではなく、ノートに書かせると良い。聞いたことも全てメモさせる。途中「現在最高60」等と言うと、100個を超える子も出てくる。

| 資料2 | ☆ 水が飲めるようになるまでの工夫 |

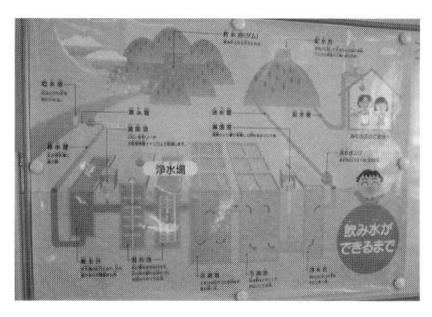

「プールで泥を沈める」「薬を入れて小さいにごりを沈める」「ろ過する」「塩素を入れる」等、一つ一つの工夫を確認していく。見学に行っても、なかなか実感がわかないだろう。浄水場でもらったパンフレットなど、全体の流れが載っているもので授業すると良いだろう。

| 発展 |

実験は「この入れ物が浄水場のプールだね」と浄水場の施設に例えながら授業するとわかりやすい。

(田口広治)

第3章 活動中心！知的に楽しい中学年社会科授業のコツ

4 わたし達の飲料水はどこから来ているの

（4）水のサイクル図を使った授業

水ってどこからどこまで行くの？

> ポイント　水の循環をサイクル図でシンプルにとらえさせる。図の中でサイクルが切れている所を考えさせる。そのことが水に関わる環境問題や水紛争などの問題につながっていることをとらえさせる。

授業の流れ

①（サイクル図を示し）□を埋めていきます。
　1．雲から降る物は何ですか。2．雨はどこに流れますか。
　3．川からどこへ行きますか。4．海の水は蒸発して何になりますか。
　5．このように水はぐるぐる回っています。
これを水のサイクル図といいます。（資料1）

> ポイント　サイクル図をノートに書かせ、1個ずつ空欄を埋めていく。

②「私たち」はどこに入りますか。

> ポイント　川の下に入れ、浄水場、下水処理場を入れる。

③プッツンしているのはどこですか。（資料2）

> ポイント　×を入れて持って来させる。私たちと水の所に多くの子が×を入れる。水不足や水の汚れである。

④他にもプッツンしていることはありませんか。

☆砂漠化による水不足、酸性雨、環境問題などで全てに×が入る。水を巡って戦争が起こることもあることを告げる。

| 資料1 | ☆ 水のサイクル図1 「私たち」まで |

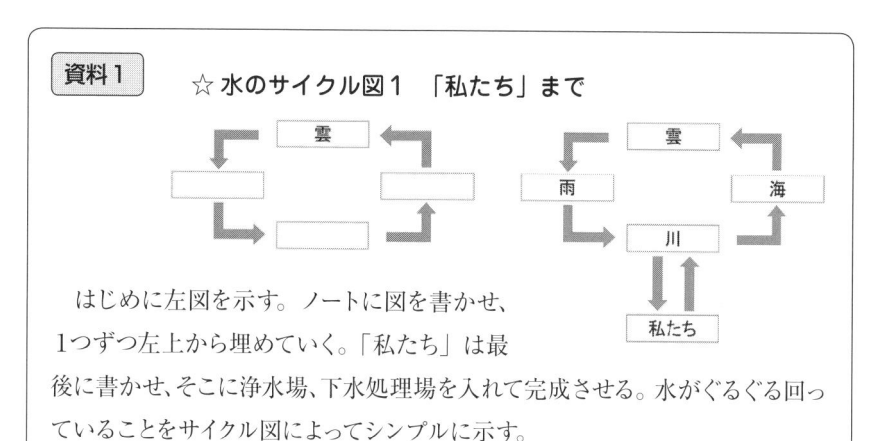

はじめに左図を示す。ノートに図を書かせ、1つずつ左上から埋めていく。「私たち」は最後に書かせ、そこに浄水場、下水処理場を入れて完成させる。水がぐるぐる回っていることをサイクル図によってシンプルに示す。

| 資料2 | ☆ 水のサイクル図2　プッツンを入れる |

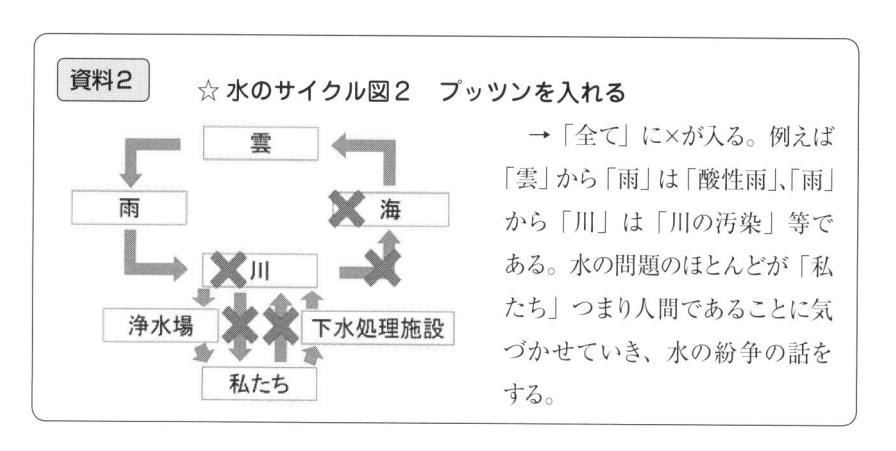

→「全て」に×が入る。例えば「雲」から「雨」は「酸性雨」、「雨」から「川」は「川の汚染」等である。水の問題のほとんどが「私たち」つまり人間であることに気づかせていき、水の紛争の話をする。

| 発展 |

TOSSランドから「水のサイクル」で検索すると授業用コンテンツで右記のアニメーションが表示できる。クリックで雲から雨がふり、川、私たち、海、川とサイクルがよくわかる。

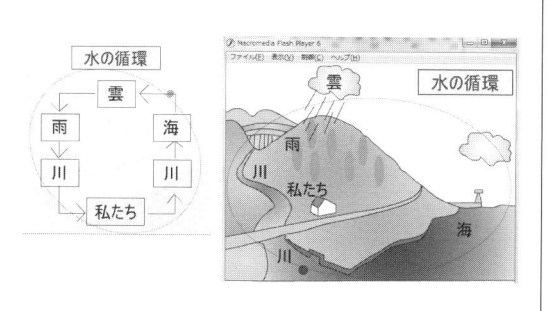

(田口広治)

第3章 活動中心！知的に楽しい中学年社会科授業のコツ

4　わたし達の飲料水はどこから来ているの
（5）わたし達の生活と資源の活用
限られた資源を有効活用するための授業

ポイント　「水に恵まれている日本」と「水が不足している世界の状況」を対比させることで、「できること」を考えさせる。

授業の流れ

①2種類の水です。どちらが高い水でしょう。

> ポイント　水道水と市販の水。市販の方が高いが、日本では、水がいつでも安く入手できることを知らせる。

②世界の人口60億人のうち、水が足りなくて困っているのは、何人ぐらいでしょうか。

> ポイント　正解は1億人。数字で出すと子供達は驚いて読み始める。世界地図で水不足の状況を知らせる。

③水が足りないと、どんな困ったことがおこりますか。

> ポイント　箇条書きにさせる。砂漠化、戦争、食糧不足、病気などが出るだろう。

④地球で人間が使える水はどれくらいあるのでしょうか。

> ポイント　地球の水を「10cm×10cm」の正方形で表すと、どれくらい使えるか考えさせる。（**資料1・2**）

⑤水をどのように使ったらいいでしょうか。

☆ノートに書かせ発表させる。日本の水が輸出されていることも知らせる。

資料1　☆ ピュアウォーターの問題

　　　　10cm
使える水　0.01パーセント
10cm

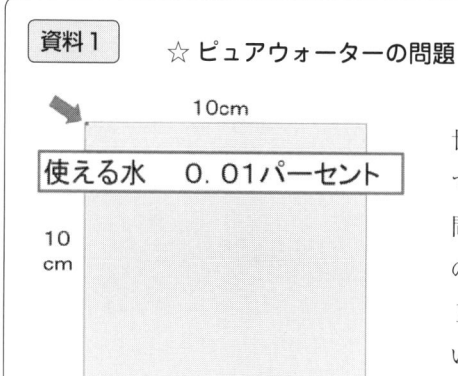

　地球のピュアウォーターの問題。世界の水を10cm×10cmの正方形で例える。この中のどれくらいが人間が使える量か問う。子供達は4分の1等と答える。実際は、1mm×1mmである。小さな点で表すと良いだろう。子供達は、非常にびっくりする。それ程、水は貴重なのである。

資料2　☆ 世界の水の内訳

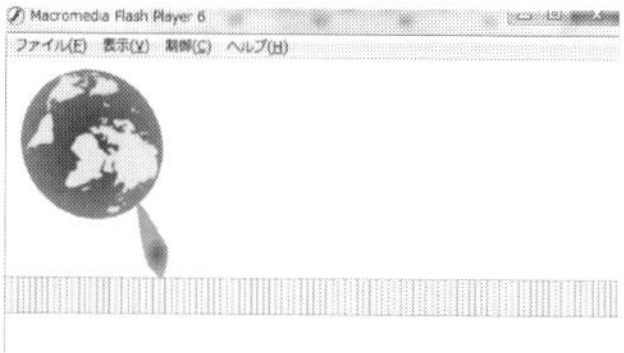

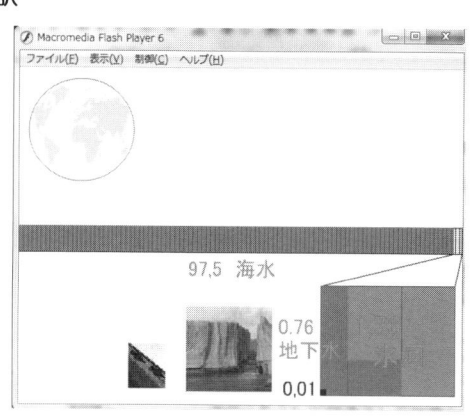

　前章のTOSSランド「水のサイクル」のサイト(川原雅樹氏作)は「世界中の水を100のマスに入れると、私たちが使える水はどれくらいか」という画面が出る。世界の水のうち、97.5％が海水、1.76％が氷河、0.76％が地下水、私たちが使えるピュアウォーターは0.01％しかないことがビジュアルに提示される。なお上記サイトは、その後、インターネットを使った「世界の水調べ」の学習ができるようになっている。検索の仕方、キーワードの入れ方が具体的に学べ、本時の発展としても利用できるサイトである。

（田口広治）

第3章　活動中心！知的に楽しい中学年社会科授業のコツ

5　ごみの処理と人々の工夫

（1）教室のごみはどこまで行くの？

教室のごみ箱からどこまで行くのか予想させる

ポイント　次の4つの段階で授業を構成する。
　　　　①課題→②調査→③分類→④次への課題

授業の流れ

①教室のごみ箱にはどんなものが入っていると思いますか。予想してノートに箇条書きしなさい。

> ポイント　教室のごみ箱に入れた経験をどの子も持っているので多くの子が自然に書ける。5分位で発表させる。

②教室のごみ箱をひっくり返して調べます。（資料1）

> ポイント　実際にごみ箱のごみを一つ一つ確認し、ノートに書いているものに赤鉛筆で丸をつけさせる。

③どんなごみが多かったですか。多い順に5つ書きなさい。

> ポイント　例えば、プリント、ティッシュ等だろう。1日に結構たくさんごみが出ることに気づかせる。

④みんなの家にはどんなごみがありますか。予想してノートに書きなさい。

> ポイント　自分の家なので、当然答えが違う。生活経験があるので、多くの子が楽しみながら書ける。

⑤家に帰って調べてみましょう。（資料2）

| 資料1 | ☆ 教室のごみを出してみる |

　　　　　　　　　　　実際に出していくと、子供達は大騒ぎになる。1個ずつ出しながら「誰が捨てたのかなあ」「次、何だと思う?」等言うと、更に盛り上がっていく。

　出す時に、ある程度「紙系」「プラスチック系」等、分別していくと、後で多い順を書く時のヒントともなる。

　ポイントは、それまでできるだけごみを捨てず、いっぱいのごみ箱から出していくのがいい。

| 資料2 | ☆ 教師の家のごみの写真を持ってくる |

　　　　　　　　　　最後の指示「家に帰って調べてみましょう」はノートに調べる欄（多かったごみベスト5等）をつくらせる。学級通信でも知らせるが、無理させてはいけない。家庭によっては「プライバシーであるごみを調べさせたくない」と思う方もいらっしゃるだろう。そんな場合には、できたら教師の家のごみの写真を提示し、中のごみを紹介するといいだろう。要するに学校以外でもごみがたくさん出るという理解ができればいいのである。

| 発展 | ☆ 教室のごみを追ってみる |

　教室のごみを見せた後、学校指定のごみ袋に入れる。学校によりどこに持って行くか決まっているだろう。そこまでみんなで持って行く。清掃センターの車が来る時刻に合わせて行けば「どこに行くのか見学に行こう」と見学につなげることができる。

（溝端達也）

第3章　活動中心！知的に楽しい中学年社会科授業のコツ

5　ごみの処理と人々の工夫
（2）清掃センター見学までの指導

ノートの書き方を教えるスキルとシステム

ポイント　見学に行く前、時間を取り、ノートの書き方を教える。

授業の流れ

①来週、清掃工場へ行きます。ノートの書き方を勉強します。

> ポイント　見学前に時間を取って授業する。見開き2ページをあけさせ、実際の見学でも見開きを使わせる。

②教室を見て、見た物を全て箇条書きにしなさい。

> ポイント　教室内で目についたものを全て見開きノートの左ページに書かせる。見開き2ページのフレームを示して、板書するとわかりやすい。（資料1）

③見たものの横に、なぜそれはあるのかを書きます。

> ポイント　左側に「見たこと」、右側に「なぜ、それはあるか」を書く。わからない所は「？」としておく。（**資料1**）

④お友達のノートを見せ合ってごらんなさい。

> ポイント　5分程1人で作業させた後、友達と見せ合う。意見が違う所が簡単な討論となるだろう。

⑤意見が違った所を発表します。

☆意見の違いを全体に発表することでクラス全体での討論になる。次回見学では、まずは見た物を次々書くことを告げ、この時間は終了する。

資料1　☆ 実際の見学終了後のノート例

【見たこと】	【考えたこと】
①けいこうとうがある。	①室内が暗いので明るくするため。
②ゆかに白い線がひいてある。	②台車を動かすときの目じるしにするため。
③かべにヘルメットがかけてある。	③？。
④作業員はヘルメットをかぶっている。	④作業員の頭を守るため。
⑤机がたくさんある。	⑤作業がしやすいため。

　上記は実際の見学の時のノート例。右側は教室に帰ってから書くことになる。事前指導では両方を書かせる。

発展　☆ 校外学習に便利なTOSSメモ

　校外学習では、ノートよりも有効なものがある。メモ帳である。ノートと違って小型なので機能性が高く、どこでも書ける利点がある。私のお奨めなのが「TOSSメモ」である。クラス全員の子供達に持たせて使っている。校外学習など外へ出る時に持たせている。インターネットで「東京教育技術研究所」で検索して入手可能である。

（溝端達也）

第3章 活動中心！知的に楽しい中学年社会科授業のコツ

5 ごみの処理と人々の工夫
(3) ペットボトルはごみか、ごみでないか

ごみを減らす方法は3つしかない

ポイント　ごみを減らす方法は、Reduce（リデュース＝ごみを出さない工夫）、Reuse（リユース＝ごみにせず、繰り返し使用すること）、Recycle（リサイクル）の3つであることを授業する。

授業の流れ

①ペットボトルはごみですか？　ごみではありませんか？

> ポイント　水筒に使っている子（Reuse）もいるが、ほとんどがごみとして出しているだろう。様々な意見が出て良い。

②ごみとして出されたペットボトルがどうなっていくかインターネットで調べなさい。

> ポイント　PETボトルリサイクル推進協議会「だいすきペットボトル」http://www.petbottle-rec.gr.jp/daisuki/ から調べさせ、ノートにまとめさせる。（資料1）

③ペットボトルからリサイクルされるものを調べて、箇条書きにしなさい。

> ポイント　上記サイトまたは検索させ、書かせる。

④ペットボトルはごみですか？　ごみではありませんか？

> ポイント　再度発問し、3Rを教える。（資料2）

⑤3Rで、私たちができることを発表しましょう。

資料1　☆ PETボトルリサイクル推進協議会ホームページ
http://www.petbottle-rec.gr.jp/daisuki/

①PETボトルについて
②リサイクルのしくみ その1
③リサイクルのしくみ その2
④PETボトルの2つのリサイクル
⑤3Rは循環型社会をつくるキーワード
⑥PETボトルが取り組んでいる3R
⑦PETボトルリサイクルクイズコーナー

だいすきPETボトル
ぼくといっしょに出かけよう
入口

　子供用のホームページである。ペットボトルのリサイクルの仕組みがわかりやすく説明されている。PETボトルリサイクル推進協議会のホームページには大人用ではあるが「3R」についても詳しく書かれているので、教師の教材研究用として見ても大変役に立つ。

資料2　☆ PETボトルのマークやリサイクル率

Q1 PETボトルの識別表示マークはどれでしょう。
Ⓐ PET　Ⓑ PET　Ⓒ PET

　上記ホームページにあるページ。クイズ形式にペットボトルのリサイクルマークやリサイクル率が調べられる。

（溝端達也）

第3章 活動中心！ 知的に楽しい中学年社会科授業のコツ

6 郷土を開く
地域の発展に尽くした人々を調べさせる授業システム

ノート1ページにまとめさせる

ポイント　5人程度のリストアップから1人選ばせ、評定することで、2～3時間で全員がノート1ページに調べたことをまとめられる。

授業の流れ

①私達の故郷の偉人について調べます。5人のうち調べたい人を1人選びなさい。

> ポイント　5人程度リストアップし、簡単に説明し、1人選ばせる。リストアップの人物を少数にしておくと、同じ人物を調べる友達が増え、安心して調べ学習に取り組める。

②ノート1ページにまとめなさい。（資料1・2）

> ポイント　ノートにまとめる方法を板書し、ノートに写させる。途中で確認しながら子供達はまとめることになる。また評定する時の観点ともなるので子供達も納得する。

③でき上がったら、先生のところへ持って来なさい。

> ポイント　インターネットの画面をプリントアウトする場合は、「1人あたり3枚まで」等のルールを決めておく。家から資料を持ってくる子が出てきた場合は、必ずみんなの前で取り上げて褒める。すると他の子も続々と資料を持ってくる。（資料1・2）

④合格した人は、他の人もまとめてごらんなさい。

☆時間調整と共に、発展学習ともなる。子供達は喜んでまとめる。

| 資料1 | ☆ まとめさせる方法 |

次の9つを板書、ノートにも写させる。
1. PC、資料集、図鑑などを使う。
2. ノート1ページでまとめる。
3. 人物の似顔絵を描く。又は、写真を貼る。
4. 人物のプロフィールを書く。
5. 人物がやったこと（エピソード）を書く。
6. 絵や図などを描く。
7. 感想や思ったことを書く。
8. 色鉛筆を使って色を塗る。
9. 丁寧に、びっしり書く。

（この9つによって合格・不合格を決める）

| 資料2 | ☆ 子供のノート例 |

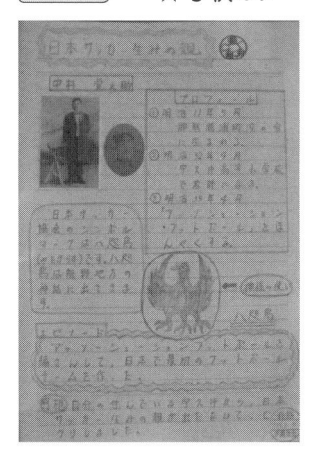

　左の様なまとめノートができ上がる。1ページで簡単に終わるため、子供達は熱中して作業を行う。そしてでき栄えに喜ぶ。特に女子は細かいノート作業が好きなので、丁寧に仕上げる。子供達がノートを持ってきたら「まとめ方」に挙げた観点で「合格」「不合格」のみで評定する。不合格の場合は、「あと5行余っているから、そこに○○を書いてきなさい」「色を塗っていないので、色鉛筆で奇麗に塗ってきなさい」等、具体的にアドバイスする。必ず最後は「合格」させる。左の様な見本があれば、紹介してやると子供達はイメージが持てるようになる。どんどん真似させれば良い。

（平瀬公士）

第3章 活動中心！知的に楽しい中学年社会科授業のコツ

7 わたし達の都道府県
（1）都道府県の概観を地図やグーグルアースで見せる

都道府県の姿を概観させる授業スキル

ポイント　発問・指示の後、作業させ必ず確認する。一度に全てを扱わず、授業の開始時などに、少しずつ扱っていく。

授業の流れ

① （自分の都道府県の写真を提示：資料1）これは私たちの○○県のある場所の写真です。この写真を見て、わかったこと、気づいたこと、思ったことをノートにできるだけたくさん箇条書きにしなさい。

ポイント　3つ書けた子から持って来させ、板書させる。「すごい」「よく見つけたね」と褒めることが大切である。

② 何市（区町村）でしょう。予想と理由をノートに書きなさい。

ポイント　次々発表させる。予想なので全て認める。

③ 地図と比べて、おかしいものがあったら発表しなさい。

ポイント　都道府県の地図を配付。写真と地図を比べて条件（資料2）が合わないものを消していく。

④ （市区町村を確定後、県全体の地図を提示）何の形に見えますか。

☆無理矢理で構わない。何かの形に例えることで全体の概観を捉えさせる。

資料1　☆ 航空写真またはグーグルアースの写真

　子供達が住んでいる市区町村が写っているグーグルアースの画像もしくは航空写真を用意する。航空写真は副読本や学校にあるかもしれない。ない場合は、簡単にグーグルアースで準備できる。

資料2　☆ 地図と合わせる条件とノート例

```
しゃしんは、ひめじ市です。
理由
①海があるから
②とりのはねみたいにぽつんと
　山があるから
③海の近くに〒みたいなところ
　があるから
```

　地図と合わせる条件は例えば以下である。

①海がある・ない
②山が多い・少ない
③川がある・ない
④家が多い・少ない
⑤工場が多い・少ない
⑥鉄道がある・ない
⑦高速道路がある・ない

「市の真ん中に駅がある」等の位置関係も扱える。グーグルアースのオーバーレイ機能を使い、地図をグーグルアースに重ねチェックすることもできる。

（前川　淳）

第3章 活動中心！知的に楽しい中学年社会科授業のコツ

7 わたし達の都道府県
（2）地形や気候・土地利用を授業する

作業を通し、地形や気候を理解させる授業スキル

ポイント　川を下流から上流になぞらせることによって、土地の高低、山地、そしてそれに伴う気候の特色を理解させる。

授業の流れ

①加古川（自分の地域の川）を指さしなさい。

> ポイント　地図帳の自分の都道府県の地図から自分の市区町村の川を見つけさせる。指さすから確認もできる。最終、お隣や近くの人と確認し合い、全員に見つけさせる。（**資料1**）

②川は高い方から低い方、ほとんどの場合、山から海へ流れます。海からたどっていって、加古川が始まる場所を見つけてごらんなさい。

> ポイント　なぞるだけで、川の長さや川が分かれていることを子供達は言い始める。川のまわりの色が緑から茶色に変わっていくこと、低い所が緑、段々高くなるにつれ茶色になっていくことを教える。

③他の川も同じように一番初めを見つけてごらん。

> ポイント　多くの川が山から流れていることに気がつく。

④ほとんどの川が真ん中の山から始まっています。この山を境に南と北の気候が違います。

☆兵庫県は中国山地の東端がかかっている。県最高峰の氷ノ山(ひょうのせん)がそこにある。山の南と北の同じ時期の写真を提示し気候について考えさせる。（**資料2**）

資料1　☆４年生の地図学習

地図上に書かれていることを読み取る学習は、４年生には難しい。そこで、次のような作業指示を通して地図を読み取っていく。

①指で押さえなさい。
②指でなぞりなさい。
③読んでごらんなさい。
④数えてごらんなさい。
⑤色を塗ってごらんなさい。

具体的な活動を通して、初めて子供達は地図を理解していく。

資料2　☆山地を隔てた北と南の同時期の写真

左は兵庫県の北「豊岡市」。右は南の「南あわじ市」。どちらも１月の写真である。「２枚を比べてわかったこと、気づいたこと、思ったこと」を書かせると、同じ県内でも気候が違う場所があることに気づく。

発展

この後、県内の山々と川を１個ずつ確認する。更に、神戸や阪神、播磨などそれぞれの地域の交通や特産物などから土地利用を確認し、白地図にまとめる。最後にパンフレットを集めて写真を貼ったり、イラストを描きこんだりすると、白地図から簡単に観光マップをつくることもできる。

（山根麻衣子）

第3章 活動中心！知的に楽しい中学年社会科授業のコツ

7 わたし達の都道府県
(3) わたしの町のすごいところ　観光・まちづくり
故郷を誇りに思う授業全体のシステム

ポイント　故郷の良さをパンフレットや動画などで発信し、自分の住む都道府県や町の日本一が何かを教える。

授業の流れ

①自分の都道府県や町の「特産品」を知ろう。

> ポイント　その町の特産品を扱った授業をまず行う。特産品は、都道府県や町の「日本一」を選ぶと、子供達へのインパクトが強くなる。
> （資料1）

②自分の都道府県や町の「特産品」について調べよう。

> ポイント　調べ学習は、「①辞書」「②図書室の本」「③百科事典」「④インターネット」の順で行う。いきなりインターネットは使わせない。ノート見開き2ページにまとめさせる。写真を印刷する場合は3枚まで等限定する。

③「観光パンフレット」や「観光動画」をつくろう。

> ポイント　パンフレットは、自分たちで撮った「写真」や「観光協会作成のパンフレット」「インターネットの写真」等を使用する。実際のパンフレットを参考に作らせる。動画は1分程度にするといいだろう。
> （資料2）

④「観光パンフレット・動画」を、発信しよう。

☆役場に置いてもらったり、YouTubeで発信を行ったりする。

資料1　☆ 特産品の授業例：淡路島特産「吹き戻し」

ふきもどしの効果
① 口周りの筋肉の障害　うまくしゃべれない人
② 高齢者（食）
③ 脳の障害のリハビリ
④ 自閉症の検査
⑤ 二日酔い

ふきもどし

(1)「吹き戻し」について、知っていることをできるだけたくさん書かせる。
(2)「吹き戻し」は、何に使われているかを聞く。（お祭り、遊びなど）
(3) 遊びの他に「ぜんそくの治療」「言語障害のリハビリ」等に使われていることを教える。
(4)「吹き戻し」づくり体験を行う。（セットがある）
(5)「吹き戻し」が、どこで一番つくられているか聞き、淡路で全国の8割であることを教える。
　地域の良さを授業することで、故郷を誇りに思う子供達を育てる。

資料2　☆ 観光パンフレット例と作成方法

① 自分の地区の白地図を中央に貼り付ける。
② まわりに、特産品や観光名所の写真を貼り付ける。（観光協会等のパンフレットを切って貼りつけても良い。）
③ 写真に、一言ずつコメントを入れる。コメントは、キャラクターに話させるようにする。
④ 色鉛筆で彩色する。

発展

　作成した観光パンフレットを、観光協会等に持っていくと、喜んで観光案内所に置いてくれることが多い。子供達のパンフレットが、町の観光案内にも役立つ。

（堀田和秀）

第3章 活動中心！知的に楽しい中学年社会科授業のコツ

7 わたし達の都道府県
（4）都道府県の位置と名称を定着させる

必ず覚えられるスキルと授業システム

ポイント　フラッシュカードで毎時間少しずつ繰り返し、地方毎の略地図と都道府県の位置を書きこむことで無理なく楽しく覚えられる。

授業の流れ　　①フラッシュカードで導入（毎時間1、2分程度）。

> ポイント　フラッシュカードは、県の形だけではなく、地方を示すと、同時に位置も覚えることになる。（資料1）
>
> 1. まず、フラッシュカードの表を子供に見せる。教師に続いて2回→1回と繰り返させ、最後は子供達だけで答えさせる。
> 2. 次に、フラッシュカードを裏向けて示す。これも、教師は2回、1回、示すだけと、変化のある繰り返しで進めていく。

②都道府県「陣取りゲーム」をやろう。

> ポイント　ゲーム感覚で勝敗をつけながらやると面白く、盛り上がる。
>
> 1. 白地図を用意し、2人組で行う。ジャンケンで勝ったら都道府県に1つ色を塗っていく。パーで勝ったら3つ、チョキで勝ったら2つ塗ることができる等、ルールを変えると良い。
> 2. 地図帳を開かせておき、必ず県名を言わせてから塗らせる。

③略地図を描いて覚えよう。

> ポイント　略地図を描いて、都道府県名を書きこませる。地方毎にやっていくと、無理なく覚えやすい。（資料2）

④略地図を合体させて日本地図をつくろう。（発展）

| 資料1 | ☆ 都道府県フラッシュカード |

位置関係がわかりにくい表裏　　　　　　　　表　　　　裏

都道府県の形だけが描かれたフラッシュカードがある。形を覚えることはできても位置がわからない。地方毎に示すだけで、形と同時に位置を覚えることができる。県名を覚えたら、（表）兵庫県－（裏）神戸市、大阪府－大阪市のように、県庁所在地のカードへうつっていく。

| 資料2 | ☆ 中国地方の略地図 |

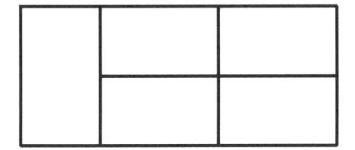

中国地方を大まかに描いた地図です。このような地図を「略地図」と言います。
①ノートに写しましょう。
②県名を書き入れなさい。

次に示すのは、東北地方。中国地方を90度回転させた形である。そして、四国地方。子供達に略地図を描かせる。様々な形を黒板に描かせ、検討し合うと楽しい。（原実践は谷和樹氏）

| 発展 |

略地図を他地方に広げていく。

ヒントとして、略地図の中に都道府県名の頭文字を入れる。その後、略地図だけに書きこめば良い。このようにして、地方毎に位置と都道府県名を覚えさせていく。

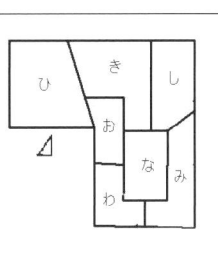

1年かけて、少しずつ都道府県の位置と名称を定着させていくと良い。

略地図はそれぞれ違っていて良い。楽しく覚えるのが良い。

（山口　收）

第3章 活動中心！知的に楽しい中学年社会科授業のコツ

7 わたし達の都道府県

(5) つくって見せよう！ 都道府県パンフレット

子供達大満足。都道府県パンフレットづくりのスキル

ポイント　作成したパンフレットをネット上に公開し、全国に発信することで、自分の郷土を愛し、誇りを持つ子供を育てる。

授業の流れ

①各自の割り当て（調べること）を決めよう。

> ポイント　完成したパンフレットをネット上に公開し、他校とも交流することを伝える。「県全体」＞「地域別」＞「観光名所」等の全体のプロットを教師が示して見通しを持たせる。

②調べ学習をはじめよう。

> ポイント　官庁の出版物などの資料を取り寄せておく。観光名所や特産品等は、教師の指導のもと、電話や手紙、Eメール等で児童自身に問い合わせさせるといい。（**資料1**）

③パンフレットにまとめよう。

> ポイント　全ページ共通の「書式」を決めておくと統一感が出る。1ページに必ず絵や写真を入れよう、見出しは大きく目立たせよう等の指示でビジュアルにつくらせる。（**資料2**）

④インターネットに公開し、他の学校と交流しよう。

☆教師がTOSSのように全国に会員がいる団体で学んでいると、他府県の同学年の先生と連絡を取り合うことができる。もちろんホームページなどから他府県の学校にメールを出してもいいだろう。互いの学級でつくったパンフレットを読み合い、意見交流（IPテレビ電話や手紙など）ができれば、学習が広がると共に達成感を味わわせることができる。

資料1 ☆ 県庁などの刊行物を使用する

　例えば兵庫県の場合、左記の様な資料を県が作成している。いずれも信頼のおけるデータであり、しかも児童数分が無料で手に入る。（郷土学習冊子「わたしたちの兵庫県」）

　また多くの都道府県庁は公式ホームページ内にキッズページを設けている。産業や観光について子供達にもわかるように説明している。インターネットを使った調べ学習では、ヒット数が多すぎて、子供達が有用な情報にたどりつくのが難しい。まずは都道府県庁のホームページから調べさせると良い。

資料2 ☆ パンフレットをビジュアルにつくらせる

　ページ内に必ず写真やイラストを配置すること、見出しを目立つように書くこと等を指導すると、どのクラスでも大変上手に仕上げる子が数人は出てくる。その子の作品を取り上げ、良い点を解説しながらみんなの前で褒めると、クラス全体の作品の質が向上してくる。

発展

　パンフレットをスキャナで取り込みPDF化する。学校のホームページに掲載すれば、他学年の子供達や保護者にも見てもらうことができる。「児童の名前が出ていないかどうか」「写真の著作権は大丈夫か」等についても指導する。市や県の資料の写真は、利用目的を説明すると使用許可をもらえることが多い。

（水田孝一）

第3章 活動中心！知的に楽しい中学年社会科授業のコツ

7 わたし達の都道府県
（6）どの子も楽しむ 都道府県PR動画
都道府県PR観光動画づくりのスキルとシステム

ポイント　ヒットソングやアニメソングの替え歌、CMのフレーズを一部変えるなどして、都道府県の魅力を動画にしていく。

授業の流れ

①何をパロディするか考えよう。

> ポイント　替え歌やCMの一部を変えて作成する動画をパロディ動画と私は呼んでいる。誰でも知っている物のパロディにすると良い。1分位の動画をつくることを告げる。

②シナリオをつくろう。

> ポイント　フォーマットを決めセリフを書き出した台本をつくらせる。持って来させ次々褒めていく。

③絵コンテをつくろう。

> ポイント　「絵コンテ」とは、動画の画面構成のことである。②でつくったシナリオと連動させ「このセリフ（歌詞）の時にはこの絵を出す」という形で書きこんでいく。（**資料1**）

④動画をつくろう。㋐紙芝居のように画面をつくり、ビデオで直接撮る。㋑音声を録音し、ビデオ編集ソフトで写真等をつける。

☆私は「Windows Live Movie Maker」を使って編集をしている。高学年であれば、子供に編集をさせても良いだろう。完成した動画はYouTubeにアップする。そうすれば全世界に向けて自分たちの町をPRすることが可能になる。（**資料2**）

| 資料1 | ☆ 絵コンテの実際となぜパロディなのか |

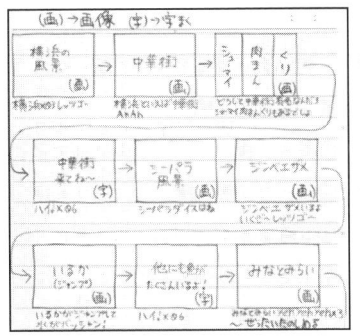

矢印で画面を次々結んでいけばいい。教師が手本を書いたり、あらかじめ見本をプリントにして配っても良いだろう。なお、パロディのいい所は次の3点であろう。

① よく目や耳にするもののパロディなので取り組みやすい。
② 子供が楽しみながら取り組める。
③ 地域の自慢が楽しく伝わる動画になる。

| 資料2 | ☆ YouTube にアップする方法 |

④(ア)の方法は「動画編集はちょっと難しそう」という方にお奨めだ。八つ切り程度の画用紙に絵を描いたり写真を貼ったりして、それを紙芝居のように見せ、三脚で固定したビデオで撮影する。これで完成だ。(イ)の方法はパソコンで編集ができる方にお奨めだ。(ア)の方法より若干手間は多いが、テロップを入れたり画面の切り替えを美しく見せたり、見栄えのある作品ができる。

発展

全国の子ども観光PR動画は「観光・まちづくりPR映像大賞」ホームページから視聴できる。http://www.satoiku.jp/pr/sakuhin/index.html

(西尾 豊)

3・4年生編 執筆者一覧

川原雅樹　　兵庫県公立小学校
大月　一　　兵庫県公立小学校
堀田和秀　　兵庫県公立小学校
大牧丈夫　　兵庫県公立小学校
久田浩嗣　　兵庫県公立小学校
小原嘉夫　　兵庫県公立小学校
松本俊樹　　兵庫県公立小学校
田口広治　　熊本県公立小学校
吉田高志　　福井県公立小学校
佐藤琢朗　　熊本県公立小学校
高岡宣喜　　宮崎県公立小学校
溝端達也　　兵庫県公立小学校
平瀬公士　　和歌山県公立小学校
前川　淳　　兵庫県公立小学校
山根麻衣子　兵庫県公立小学校
山口　收　　兵庫県公立小学校
水田孝一　　兵庫県公立小学校
西尾　豊　　神奈川県公立小学校

全編　協力

桜木泰自　（東京都公立小学校）
谷　和樹　（玉川教職大学院）

参考文献中のTOSSランドナンバーに続く(旧)の表記は、
その文献が旧TOSSランド(2005年版)のものであることを示します。
TOSSランド　http://www.tos-land.net
TOSSランド(2005年版) ※旧TOSSランド　http://acv.tos-land.net
〈お問合せ〉TOSSランド事務局
〒142-0064 東京都品川区旗の台2-4-12 TOSSビル　TEL. 03-5702-4450

◎監修者紹介

向山洋一（むこうやま よういち）

東京都生まれ。東京学芸大学卒業後、東京都大田区立小学校の教師となり、2000年3月に退職。全国の優れた教育技術を集め、教師の共有財産にする「教育技術法則化運動」TOSS（トス：Teachers' Organization of Skill Sharing）を創設し、現在もその最高顧問を務め、日本の教育界に多大な影響を与えている。日本教育技術学会名誉顧問。

◎編集者紹介

谷 和樹（たに かずき）

1964年北海道札幌生まれ。神戸大学教育学部初等教育学科卒。兵庫県の加East市立東条西小、滝野東小、滝野南小、米田小等にて22年間勤務。そのあいだ、兵庫教育大学修士課程学校教育研究科にて、教科領域教育を専攻し終了。TOSS関西中央事務局を経て現在、玉川大学教職大学院教授。日本の社会科教育のリーダーである。

川原雅樹（かわはら まさき）

1967年神奈川県出身。その後宮崎県へ。国立兵庫教育大学社会科コース卒。兵庫県小学校教諭。TOSS向山型社会事務局・講師。著書『ちょっと先輩がする小3担任へのアドバイス』（明治図書出版）、共著『向山型社会科授業づくりQA小辞典』『知的追究「向山型社会」の展開「仮説を立てて検証する」』『向山洋一は社会の授業をどうつくっているか』他、社会科関係多数（何れも明治図書出版）。現在、特別支援教育と社会科を中心に研究している。

新法則化シリーズ
「社会」授業の新法則　3・4年生編

2015年3月20日　初版発行
2024年7月5日　第5版発行

企画・総監修　向山洋一
編集・執筆　　TOSS「社会」授業の新法則編集・執筆委員会
　　　　　　　（代表）谷 和樹／川原雅樹　（協力）桜木泰自
企画推進コーディネイト　松崎 力
発行者　小島直人

発行所　株式会社学芸みらい社
〒162-0833 東京都新宿区箪笥町31番 箪笥町SKビル3F
電話番号 03-5227-1266
https://www.gakugeimirai.jp/
E-mail：info@gakugeimirai.jp
印刷所・製本所　藤原印刷株式会社
ブックデザイン　荒木香樹
カバーイラスト　水川勝利
本文組版　エディプレッション（吉久隆志・古川美佐）
落丁・乱丁は弊社宛にお送りください。送料弊社負担でお取替えいたします。

©TOSS 2015　Printed in Japan
ISBN978-4-905374-68-8 C3037

授業の新法則化シリーズ（全リスト）

書　名	ISBN コード	本体価格
「国語」　～基礎基本編～	978-4-905374-47-3 C3037	1,600 円
「国語」　～1年生編～	978-4-905374-48-0 C3037	1,600 円
「国語」　～2年生編～	978-4-905374-49-7 C3037	1,600 円
「国語」　～3年生編～	978-4-905374-50-3 C3037	1,600 円
「国語」　～4年生編～	978-4-905374-51-0 C3037	1,600 円
「国語」　～5年生編～	978-4-905374-52-7 C3037	1,600 円
「国語」　～6年生編～	978-4-905374-53-4 C3037	1,600 円
「算数」　～1年生編～	978-4-905374-54-1 C3037	1,600 円
「算数」　～2年生編～	978-4-905374-55-8 C3037	1,600 円
「算数」　～3年生編～	978-4-905374-56-5 C3037	1,600 円
「算数」　～4年生編～	978-4-905374-57-2 C3037	1,600 円
「算数」　～5年生編～	978-4-905374-58-9 C3037	1,600 円
「算数」　～6年生編～	978-4-905374-59-6 C3037	1,600 円
「理科」　～3・4年生編～	978-4-905374-64-0 C3037	2,200 円
「理科」　～5年生編～	978-4-905374-65-7 C3037	2,200 円
「理科」　～6年生編～	978-4-905374-66-4 C3037	2,200 円
「社会」　～3・4年生編～	978-4-905374-68-8 C3037	1,600 円
「社会」　～5年生編～	978-4-905374-69-5 C3037	1,600 円
「社会」　～6年生編～	978-4-905374-70-1 C3037	1,600 円
「図画美術」　～基礎基本編～	978-4-905374-60-2 C3037	2,200 円
「図画美術」　～題材編～	978-4-905374-61-9 C3037	2,200 円
「体育」　～基礎基本編～	978-4-905374-71-8 C3037	1,600 円
「体育」　～低学年編～	978-4-905374-72-5 C3037	1,600 円
「体育」　～中学年編～	978-4-905374-73-2 C3037	1,600 円
「体育」　～高学年編～	978-4-905374-74-9 C3037	1,600 円
「音楽」	978-4-905374-67-1 C3037	1,600 円
「道徳」	978-4-905374-62-6 C3037	1,600 円
「外国語活動」（英語）	978-4-905374-63-3 C3037	2,500 円

学芸を未来に伝える
学芸みらい社
GAKUGEI MIRAISHA

株式会社 学芸みらい社
〒162-0833 東京都新宿区箪笥町31番 箪笥町SKビル3F
TEL 03-5227-1266　FAX 03-5227-1267
https://www.gakugeimirai.jp/
e-mail info@gakugeimirai.jp